青弓社 92 ライブラリー

歴史修正主義とサブカルチャー

90年代保守言説のメディア文化

倉橋耕平

青弓社

歴史修正主義とサブカルチャー

90年代保守言説のメディア文化

目次

装丁――Malpu Design［清水良洋］

はじめに

「歴史」を戦う

一九九五年一月十七日、阪神淡路大震災。同日、もう一つの事件が起こっている。文藝春秋の雑誌「マルコポーロ」が日本で初めて「ホロコースト否定論」を掲載した。書いたのは国立大学の医師。歴史家ではない。震災報道でもう忘れられているかもしれないが、同社はユダヤ人団体サイモン・ウィーゼンタール・センターから非難を受け、この雑誌を廃刊にした。その後、教科書問題、歴史認識論争、「慰安婦」問題へのバッシングなど、歴史をめぐる文化領域の政治に発展していく。同誌の編集長だった花田紀凱《かずよし》はこの約十年後、保守論壇誌「WiLL」（ワック）の編集長を務め、南京事件、「慰安婦」問題、「東京裁判史観」を否定する記事を掲載し続けた。

「マルコポーロ」廃刊から二十年が経過した今日、一つの本が英語圏の研究者に送り付けられている。その名は、*History Wars: Japan-False Indictment of the Century*。出版社は産経新聞社。差出人は与党自民党の猪口邦子参議院議員。「慰安婦」問題を否定する『歴史戦』[1]に基づいたものである。政権政党から多くの著書が贈呈されている。なぜか。「彼ら」にとって「歴史」は戦争なのだ。「歪められた日本」像を「糺す」ために書籍を英訳して海外に流通させる方法論は、太平洋戦争中に日本がやった『万葉集』の翻訳と変わらない。

「彼ら」とは、「歴史修正主義者」「排外主義者」「レイシスト」「保守知識人」などと名指される人たち、あるいはそのようにくくられる言説群を指す。歴史修正主義者が流すデマゴーグは私の友人や学生を騙し、SNSでそれらの情報を共有させた。そして、広がっていった差別の言語が私の友人たちに突き付けられた。「在日」へのキャンパス・ヘイトスピーチで。街を歩いている最中にも。

彼らが支持する「歴史」に関する一連の主張は、「日本軍「慰安婦」問題をめぐる最近の動きに対する日本の歴史学会・歴史教育者団体の声明」（二〇一六年五月三十日）、あるいは教育研究者有志による「教育現場における教育勅語の使用に関する声明」（二〇一七年四月二十七日）に代表されるように、日本の歴史学や学問の領野では正当とは認められていない。「専門家」の共同体から疑義が呈されていてもなお歴史を書き換えようとする彼らはそれを繰り返し主張し、「出典」と「引用」をあげ、反論の根拠を要求する「論戦」を続けている。とりわけ、こうした論戦では「論破」への過剰なフェティシズムが垣間見られ、執拗に他者を追い回し、マウントをとるまで議論を吹っかける実践が日々繰り返されている。

歴史修正主義の著作は、すでに数多くの批判にさらされている。「愚者の楽園」（山崎行太郎）、「脳内「大東亜戦争」」（早川タダノリ）、「虚構の「歴史戦」」（能川元一）など手厳しい言葉が並ぶ。あるいは、彼らのあり方を「反知性主義」（内田樹）と呼んで、インターネットには、彼らを茶化し、おとしめる書き込みであふれている。彼らを「知的に取り合う必要がない」として棄却することは、豊富な知識をもつ者がとるべき妥当な態度なのかもしれない。だが、それでいいのか。内容の正否を問わず歴史修正主義の言説が広がっているならば、その拡散の方法こそ考えるべきではないだろうか。私は、むしろそこに彼らには彼らの「知性」と呼べるものがあるように思うのだ。

歴史修正主義に対する批判は非常に多いにもかかわらず、それでも勢力は縮小するどころか拡大しているように見える。なぜなのか。主張が「欺瞞」や「隠蔽」、ならびに「誤謬」と「無知」に満ちていると指摘され尽くしていても、なぜ彼らはそれをやめないのか。

「彼ら」は、学者による批判を意に介さない。「ゲーム」（知的枠組み）が違うからだ。私たちが、一般的な社会活動で共有している「手続き」（客観性、事実、エビデンス、調査、議論、承認など）それ自体が失効している印象さえ受ける。歴史修正主義への批判として、「誤りである」と断じる著作やウェブサイトは、歴史修正論や歴史否定論の言説に人々が惑わされないよう、優れた仕事をしてきた。だが、それでもなお過去を賛美し、都合が悪い歴史を改竄することが許され、継続され、一定の支持を得ている。この状況を支えるものはなにか。

これまでの研究が私たちに教えてくれるのは、現代日本のレイシズム（人種差別主義）運動の背景の一つに歴史修正主義が深く関わっていて、そしてそれが「サブカルチャー」を媒介に拡散した、という「発見」である。すなわち、歴史修正主義者の実践は学問とは異なる規則、異なる目的、異なる場所で展開されているのだ。であるならば、問わなければならないのは、その場でのルール、目的、力学ではないのか。

この問題意識に基づいて、次のような派生的な「問い」と「答え」を置いてみよう。歴史修正主義の言説に「形」を与えているものはなにか。メディアだ。思想にせよプロパガンダにせよエンターテイメントにせよ、それらが伝達されるためには、質量をもったパッケージを不可避とする。多くの場合、それは「商品」だ。商品化された言論は、ほかの商品と競合し、複雑な社会制度と文化的慣習のなかで流通する。「消費者評価」をめぐる市場のテクノロジーを伴う以上、思想にせよ言論にせよ、権威、規範、配置される場所、流通形態、消費方法、文脈、表現、読者層、売れ行き、賞味期限の違いなどと切り離して考えることはできない。だが、それはときに忘れられがちでもある。すなわち、検討すべきは情報の内容と同時に、情報を存在させる様式・形式である。[2]

　こうした観点に着目する意義について、歴史否定論者を分析する歴史研究者からも数多くの指摘がある。例えば、ピエール・ヴィダル＝ナケは、「天文学者は星占い師と討論するか[3]」と問いかける。彼は、ルールが異なる専門家の間で討論が成り立つだろうか、と反語を用いて歴史否定論者と議論することの不可能性を述べている。ロバート・イーグルストンはルールの異なりについて次のように述べている。「ジャンルは、大学人や書店の店主が本を置く整理棚ではない。ジャンルとは、本そのものの基礎をなす規則なのだ。何かを書くということは、ジャンルの一部となり、それ特有の規則にしたがう（そして、ときには、いくらかねじ曲げたり、改造したりする）ということである[4]」。すなわち、ここでイーグルストンは、内容がジャンルに規定される性質のものであることを指摘している。しかし、肝心のその「ジャンルの規則」については、分析していない。

「言論」や「言説」などと呼ばれるものは、少なからず存在の様式に内容を規定される。メディアは、ジャンルのルールをその形式から規定する。各メディアで異なるコミュニケーションのあり方、消費者の参加、デザイン、すべてが「メッセージ」である。もし歴史修正主義者に学術的批判の声が届いていないとすれば、そもそもまったく別のメディアに掲載される彼らの情報の存在様式やコミュニケーション・モードが批判者のそれとは異なり、別の論理で動いていることを意味している。

本書が問いたいのは、この部分である。すでに述べたとおり、歴史修正主義の主張は学問のフィールドでは共感も評価も得ていない。学術出版社も距離を置いているのが現状である。他方で、歴史修正主義と親和性が高いのは、本書のなかで扱うビジネス系の自己啓発書、保守論壇誌、週刊誌、マンガなどの商業出版とインターネットである。それらは、言説内容の正しさよりも「売れる」かどうかを優先する「文化消費者による評価」を至上命題としているメディアである。テレビのバラエティー番組も視聴率重視、インターネットも閲覧数至上主義という側面が大きい。したがって商業メディアは、いわゆる「政治」には不向きなメディアと言われてきた。にもかかわらず、歴史修正主義者の主張が商業メディアで展開されるのだとしたら、その手法にこそ政治的側面を読み取ることができるのではないか。

＊

詳細な議論については、本編の分析を読んでいただきたいが、昨今おこなわれている歴史修正主義の言説政治をめぐる状況は「サブカルチャー」であり、「保守ビジネス」である。それは、これまでアカデミアのなかでほとんど「文化」だと見なされてこなかった。だが、「文化」の対象外だったものを社会あるいは文化の構成要素として扱うのがカルチュラル・スタディーズのメディア研究のはずだ。さらには、歴史修正主義の思考には、戦後民主主義への「抵抗・対抗」という顔がある。おそらく、これは彼らが「体制」だと思うものへの「対抗の文化」なのだ。

本書は、「歴史修正主義」を対象として、「新しい歴史教科書をつくる会」などの活動が活発になる一九九〇年代以降の四半世紀に起こった政治とメディア文化を分析することを目的としている。日本では、政治コミュニケーションの研究がいまだに少ない。また、グローバルな研究動向として最も研究蓄積がある英米圏でも、とりわけ、政治とエンターテイメント・メディアとの関わり、複数のメディア・プラットフォームで展開される文化のハイブリディティー（複合性・混成性）については、この十年ほどの蓄積しかない。本書が目指すのはこのような領野の事例研究である。

ただし、本書の射程は一九九〇年代にとどまるものではない。むしろ私の問題意識は現在にある。『オックスフォード英語辞典』が二〇一六年の「Word of the Year（今年の単語）」を「post-truth（ポスト真実）」とした。本書は歴史修正主義を事例として検討するが、「ポスト真実」「フェイクニュース」の現象はすでに一九九〇年代に始まったと考える。九〇年代は、インターネットも普及していなかった。政治をエンターテイメントするテレビ番組もなかった。(5) 主流だったのは、雑誌などのアナログ・メディアである。媒体がいまより乏しいとはいえ、九〇年代、私はそこに現在の知的風景の「原画」があるように思う。いまに直結する九〇年代は決定的に重要だった。インターネット全盛の「いま」を読み解くカギは、九〇年代と当時のメディア文化にある。

だから、いま一度、それが何だったのか考える必要がある。一九九〇年代に十代を過ごした私には、「私もまた知らないうちに歴史修正主義や排外主義の思想を是としていたかもしれない」という思いがある。そして、いまそれがありふれた景色のようになっていることを危惧している。さらに、その思想が政治に直接組み込まれている現状を。

本書が、この四半世紀の言説政治をめぐる実践とコミュニケーションとメディア文化の批判的分析を通して、現状への理解を深め、対抗策を編み出していくための一助となることを期待したい。

注

(1) 産経新聞社『歴史戦――朝日新聞が世界にまいた「慰安婦」の嘘を討つ』(産経セレクト)、産経新聞出版、二〇一四年

(2) 大澤聡『批評メディア論――戦前期日本の論壇と文壇』岩波書店、二〇一五年、一〇、一六ページ参照。大澤の議論は、本書第3章でより詳しくふれることにする。大澤は「言論の存在形式」という言葉を用い、言論は「この商品=市場性を否定するならば、(略)「存在しなかった」」(同書一六ページ)と指摘する。同書の議論は、内容を注視する論壇や批評の研究が多いなか、メディアの形式に焦点を当てることで、これまでの「批評」「論壇」「文壇」をめぐる議論を枠組みから刷新するものだった。同様の対象を扱う本書も、その成果に依拠しているところが多い。

(3) Pierre Vidal-Naquet and Limor Yagil, *Holocaust denial in France: analysis of a unique phenomenon*, Tel Aviv Univ, Faculty of the Humanities, 1995, p. 14.

(4) ロバート・イーグルストン『ポストモダニズムとホロコーストの否定』増田珠子訳(ポストモダン・ブックス)、岩波書店、二〇〇四年、四五ページ

(5)『ビートたけしのTVタックル』(テレビ朝日系、一九八九年―)が本格的に政治エンターテイメントになるのは、二〇〇一年の小泉純一郎政権前後である(星浩/逢坂巌『テレビ政治――国会報道からTVタックルまで』〔朝日選書〕、朝日新聞社、二〇〇六年、一九二―一九九ページ)。

序章　なぜ「メディア」を問うのか

――われわれのおかれている情況を決定しているものはメディアである。
（フリードリヒ・キットラー[1]）

この序章では、本書で扱う問題の所在と貫通する視点、研究の新奇性、そして本書の構成について提示することを主目的にしている。具体的には、第一に保守言説の現状と、これまでにおこなわれた社会学の調査を紹介する。第二に、これまでに足りていない視点を指摘する。第三に、本書が扱う「歴史修正主義」を含む一九九〇年代の時代状況を整理する。最後に、これまでの研究や主張に対して本書がどのようなスタンスで臨むのかを明示していく。

とりわけ、本章第5節「本書のアプローチ――コンバージェンス文化」で示す研究上の位置付けについては、専門的な内容を含むため、研究領野になじみがない読者は読み飛ばしてもかまわない。

1　保守言説の広がり

そもそも、私たちは（かなり広い範囲まで含めて）保守言説の現状をどれだけ知っているだろうか。この簡素な問いにメディアに表出している側面からいくつも答えることができる。例えば、「Amazon」の「政治」カテゴリーのランキングを見れば、百田尚樹、ケント・ギルバート、櫻井よしこなどの著作が上位に並ぶ。

書店の「社会評論」の棚は、写真1のように構成されている。一見してわかるように、保守論壇に登場する著者が少数のヘイトスピーチ反対派を圧倒している。

あるいは、インターネットのブログランキングを示すためのプラグイン「Blog Ranking」（人気ブログランキング）の政治カテゴリーで週間ＯＵＴ（ランキングサイトからのアクセス数）が十万アクセス以上、十五位以上のサイトをまとめると表1のようになる（二〇一六年九月五日時点）。

これらのブログのほとんどの「紹介文」には日本への愛国心や、「日本を貶める国内外の勢力」への抵抗の記述がある。また、表の上位サイトが総合順位でも健闘していることがわかるだろう。

しかし、注意しなければならないのは、これらは「Blog Ranking」というサイト埋め込み機能の結果であるため、ブログ全体のアクセス数を示す純粋な「順位」ではない。この機能を好む一部のユーザーによる「熱量」を示している。すなわち、「愛国」「歴史認識」「反日」などのキーワード

写真1　書店の棚の様子

に熱狂的な人たちが、互いに助け合ってできているブログというメディア圏の状況を示していて、これがこのまま現実の社会状況というわけではない。

とはいえ、この時点の四位「せと弘幸」こと瀬戸弘幸と七位の「Doronpa」こと桜井誠（本名：高田誠）は、「在日特権を許さない市民の会（在特会）」を語る際の重要人物である。この団体は、「YouTube」を主な情報拡散のメディアにして一万人以上の会員を集めた排外主義市民団体である。とりわけ、「在日特権」（これはデマゴーグである）を批判し、路上で過激な運動を展開することで有名になった[2]。特に、桜井は二〇一六年の東京都知事選に立候補し、十一万票を獲得した。最も話題になったのは、在日コリアンについて「日本から出て行け」などと選挙活動で主張したことだった。これが問題化したのは、同年六月にいわゆる「ヘイトスピーチ対策法」が提出されたにもかかわらず、ヘイトスピーチ対策法は罰則規定がない理念法であることから、差別発言が大声で街宣され、ソーシャルメディアで拡散されたためである。さらには、選挙期間は公職選挙法との兼ね合いから選挙妨害になりかねないため、この間は反対運動（いわゆるカウンター）も自粛せざるをえない事態となった。その結果、東京都そして日本中に差別発言と差別扇動の言葉が流れたのである。

表1　プラグイン Blog Ranking のアクセス数

順位	ブログ名	週間 IN	週間 OUT	月間 IN	総合順位
1	新世紀のビッグブラザーへ	150,680	301,900	531,870	2位
2	正しい歴史認識・国益重視外交・核武装実現	135,380	793,090	569,360	3位
3	パチンコ屋の倒産を応援するブログ	72,820	589,250	335,030	6位
4	せと弘幸BLOG『日本よ何処へ』	61,890	468,340	287,340	9位
5	反日勢力を斬る	42,680	391,650	188,020	15位
6	厳選！韓国情報	40,380	651,440	177,710	16位
7	Doronpa の独り言	31,910	252,880	126,240	22位
8	遠藤健太郎オフィシャルブログ	30,690	281,740	126,320	24位
9	私的憂国の書	30,160	259,700	148,140	25位
10	さくらの花びらの「日本人よ誇りを持とう」	29,580	219,820	137,850	26位
11	ねずさんのひとりごと	24,030	120,180	97,490	34位
12	行橋市議会議員　小坪しんやのブログ	21,650	151,290	96,420	38位
13	中韓を知りすぎた男	18,830	136,560	80,940	42位
14	植草一秀の『知られざる真実』	16,310	50,830	82,880	53位
15	正義の見方	14,800	375,790	76,080	56位

彼らに対する社会学の調査が進んでいる。

2　これまでの調査研究でわかっていること

計量系の社会調査をおこなった辻大介によれば、こうした「ネット右翼」的な書き込みをしたことがある人は全体の一・三％程度で、インターネット上での発言に非常に熱心な一部の人たちの実践だと指摘されている。[3] また、二〇一七年四月に、「Yahoo」と木村忠正が、「Yahoo ニュース」のコメント欄に「嫌中・嫌韓」のコメントがほかの国への言及よりも多く、また全体の二〇％の投稿を一％のアカウントが書き込んでいると共同調査の結果を発表した（「朝日新聞デジタル」二〇一七年四月二十七日付）。あるいは、在日コリアンへのレイシズムを分析した高史明の調査によれば、捕捉した「Twitter」アカウントの約一〇％が明確に大量の差別語を流していることから、[4] 特定の人たちの熱心な行為であることが明確になった。つぶやきに用いられる内容では、「歴史問題」は一一・二六％であり、レイシズムに関わるツイートと同等程度に高い出現率だったことがわかる。[5] なかでも、頻出語として「歴史問題」と「真実」は強く結び付き、また「歴史問題」は、マスコミが日本の利益にかなうように報道をしていないとする言説が目立つと分析されている。[6] インターネットの利用とレイシズム傾向は関連し、「2ちゃんねる」の「まとめブログ」（いわゆるキュレーション・サイト）などが現代レイシズムに関連しているという。[7]

聞き取り調査を中心とした研究では、樋口直人が、社会運動研究の資源動員論を用いて、排外主義運動（在特会）に参加する人たちを体系的に分析している。[8] 資源動員論とは、社会運動をする際にどのような社会的諸資源（政治へのアクセス機会や社会的ネットワークなど）を合理的に用いるのかを分析するものである。樋口によれば、彼らの運動への動員の「言説機会（関心のきっかけや核心になった言論などへの接触機会）」には、直接的な経験による外国への不満よりもメディアからの影響が大きい。具体的には、一九九〇年代に保守論壇誌（『正論』〔産経新聞社〕、『諸君!』〔文藝春秋〕）が中心的テーマとして扱った「歴史修正主義」が関与している。「排外主義」もまた、植民地支配の歴史を否定することで成り立っている（「在日特権」という虚構を打ち立て、歴史を捨象する）。そのため、樋口の排外主義運動研究の結論は、日本の排外主義を「歴史修正主義の変種」とする。[9] そして、歴史修正主義が排外主義の温床となっている以上、その思想を探求する取り組みがなければ、排外主義は抑制できないと主張している。[10]

3　本書の対象――歴史修正主義と一九九〇年代

本書が検討の対象とする日本の歴史修正主義は、復古主義的な側面が強く、戦前日本を賛美しようとするために、「大東亜戦争」を「自衛戦争」と位置付けることでその戦争の「侵略」「加害」を否定する方向に議論を進める。それゆえ自動的に、植民地だった国と地域や日本軍が侵攻した近隣諸国との間に軋轢が生じる。

本書が対象にするのは、一九九〇年代という時代と歴史修正主義を中心とする右派・保守の言説とメディアである。前提として、なぜ九〇年代なのか、歴史修正主義とは何か、右派・保守とは何なのかについて整理する必要があるだろう。とはいえ、これに対して、「保守とは何か」などの問いを立てたならば、本書の紙幅も筆者の能力も超える。そのため、九〇年代の状況に限定して整理しておきたい。

まず、本書の関心の中心である「歴史修正主義 History Revisionism」とはなにか。日本では歴史修正主義という呼び方が定着しているが、修正主義 revisionism はそもそも悪い意味だけをもつ言葉ではない。歴史は常に修正されうる。だが、海外に目を向ければ「ガス室などなかった」と主張するホロコースト否定論者が「歴史修正主義者」を名乗って活動したという文脈がある。他方、日本では、戦後の歴史観を「自虐史観」だといってその相対化を試みたり、「東京裁判史観の克服」を主張したり、「慰安婦は売春婦で、反日勢力の陰謀」と言ったり、「南京大虐殺はなかった」と過去の歴史を否定する勢力が、慣例的に「歴史修正主義」と呼ばれるに至っている。その意味で、私たちが学問分野のなかで呼んでいる「歴史修正主義」とは、実際のところ「歴史否認論」「歴史否定論」にほかならない。とはいえ、本書ではこれらの含意を維持しながら、慣例に沿って「歴史修正主義」と表記する。

とりわけ、本書が対象とするのは、「慰安婦」問題や、戦後五十年にあたる一九九五年の「村山談話」に反発した知識人・文化人らで結成された「新しい歴史教科書をつくる会」(一九九七年発足。

以下、「つくる会」と略記）などがおこなった歴史認識へのバックラッシュである。

歴史否定論の性格をもつ歴史修正主義が、保守や右派と結び付くのは、その歴史観（修正の仕方）が自国の戦争責任を否定し、復古主義的な側面をもっているからである。そもそも「保守」とは現実主義路線であり、現状の秩序を過去から存続するものと捉え、急激な変革に対して慎重路線をとる立場である。他方、「右翼」とは過去をまなざし、現在では失われた過去の価値や規範を持ち出して（復古的に）現在の変革を求める立場を指す。[11] その場合、おおむね愛国主義になることが多い。このように、保守や右派（右翼）は、過去への関心から成り立っている側面は否定できない。そのために自国にとって不都合な歴史を否定する立場をとる歴史修正主義は保守や右派のイデオロギーと連動する傾向にある。ひとまず、本書では、過去をまなざす姿勢の共通性から、歴史修正主義を「保守」から「右」寄りのものとして扱う。必要がある場合は、そのつど限定して使っていく。

その手法についての指摘の数も多い。多くの文献で共通しているのは、特定の歴史的事件の「是認」「極小化」「正当化」「否定」といったレトリックを採ることである。加えて、「他者による強烈な信仰批判」「いいとこ取り」「特定の時期への強烈なこだわり」「曲解」などの特徴が指摘されている。[12] 具体的には、特定の歴史的事件について「あってよかった」「被害者はもっと少ない」「合法的だった」「そもそもなかった」などの主張が繰り返される。

なぜ、このような歴史を否定する歴史修正主義が一九九〇年代後半に保守や右派のイデオロギーと結び付き、噴出したのだろうか。ややマクロな話になるが、八九年にベルリンの壁が、そして九一年末にソビエト連邦が崩壊し、冷戦体制が瓦解する。九一年には湾岸戦争が起こり、九三年にはユーゴスラビアの紛争などが起こっていた。一方で、日本を含むアジア地域では、朝鮮半島の分断状況や第三次台湾海峡危機など依然として冷戦状態が継続されていた。

その前後の過程で韓国や台湾が経済成長を遂げ、政治的に民主化していく。こうした状況の変化のなかで、一九九一年に、日本軍「慰安婦」だったことを理由に金学順さんが日本政府を相手どって訴訟を起こした。その背景には、韓国の民主化と韓国国内のフェミニズムの興隆がある。それまで日本は東アジアでは特権的な政治的・経済的地位を得ていた。その理由は、アメリカの反共路線政策の影響もあって、日本は韓国などの軍事独裁政権から帝国期の加害責任追及にさらされる状況に至っていなかったからだ。しかし、周辺諸国の民主化によって、帝国期の植民地支配の責任、戦時動員や戦時性暴力の責任問題をめぐり、それまで「物語る権利」を抑圧されてきた被害当事者の責任追及から逃れられなくなったのである。そのために、敗戦直後から繰り返されてきた日本内部の戦争責任論争では対応できなくなっていった。

と同時に、一九九五年には国内情勢も大きく変化した。自民党が与党を維持できず、新党さきがけ、そして左派である社会党（社会民主党）との連立政権が発足し、いわゆる「五五年体制」が揺らいだなかで、九三年の「河野談話」、戦後五十年の節目となる九五年の「村山談話」が出された時期だった（阪神淡路大震災、オウム真理教地下鉄サリン事件、沖縄アメリカ軍による小学生集団レイプ事件が起きたのもこの年である）。政党政治も新党結成ブームが生じ、連立政権ができたなかで、「保守─革新」「右─左」といったわかりやすい軸を維持できない状況が生まれていったのである。その過程で、経済的な政策に関する与野党間の目立った差異（野党による代替案）を示せなくなり、有権者の判断も複雑になっていったなか、国内外の外交や文化的対立、自国文化の優越性など「価値」をめぐる「文化領域」の政治が経済領域よりも目立ち始めたと言える。

以降、日本版歴史修正主義は太平洋戦争時（とそれに連なる過去）の日本軍の歴史の見直しに終始することになる。のちの議論を見てもらえればわかるが、日本の歴史修正主義は、こうした時代状況と決して無縁ではない。いま述べたように、明らかに「冷戦構造崩壊」と保守派のアイデンティティの揺らぎの過程で展開されているのだ。それは特に「慰安婦」問題と関連して、一九九三年に「慰安婦」への「甘言、強圧による等、総じて本人たちの意思に反し」た行為を認めた「河野談話」や九六年の国連による「クマラスワミ報告」を否定することで顕在化した。ここからは、強制連行を示す資料さえなければ軍と政府の関与は何ら問題にならないし、問題とすべきではない（する必要がない）というスタンスが透けて見える。彼らは、歴史的事実を歴史的ストーリーの解釈論争にすり替える戦略を巧みに実践していった。

また、市民的な運動と連動して、政治エリートも歴史問題と国家主義的な考えを合流させていく。その証左は一九九〇年代以降、「歴史」を課題とする議員連盟の乱立によって示されるだろう。「歴史検討委員会」（自民党、一九九三年）、「正しい歴史を伝える国会議員連盟」（新進党、一九九五年）、「日本の前途と歴史教科書を考える議員の会」（自民党、一九九七年）、「日本会議国会議員懇談会」（超党派、一九九七年）、「慰安婦問題と南京事件の真実を検証する会」（現在は自民党・民進党、二〇〇七年）などはその一部だし、そして、そこに昨今注目を浴びた新右翼と宗教右派が合流した「日本会議」などの団体も加わり、現代日本の右派・保守の趨勢を担っている。

そう、いままさに社会状況としても、そして研究レベルでも問われなければならないのは、歴史修正主義という「知」「認識のあり方」の謎だ。やや乱暴だが、断言してもいい。私たちが「ネット右翼（ネトウヨ）」と呼んでいるものは、ほぼこの思想の劣化コピーである。

あらためて確認すれば、本書の問いは、何度も批判され、棄却されているにもかかわらず歴史修正主義者の言説が社会のなかで一定程度目立って私たちの視界に入ってくるのはなぜなのかということだ。「彼ら」は彼らの知的枠組み（ゲーム、ルール、ジャンル）のなかで整合性を維持しようと思っているはずだ。であるならば、その「知性」「認識」「思考」はどのような機序で成立しているのか。本書では、この問いを「メディア（文化）」という視点から分析・解明する。それは、他方でメディアという社会的装置が、どのような「知の秩序」を構築するものなのかを明らかにしていく作業になる。

では次に、どのような方法でこの問いを検討するのかを説明していこう。

4 「何が語られたか」ではなく「どこで／どのようにして語られたか」

これまでに歴史修正主義に言及した研究は少なくない。だが、それには傾向がある。とりわけ、大きな議論を巻き起こした「慰安婦」問題に関しては非常に多くの蓄積がある。おおむねそれらの研究は、「何が語られたか」「誰（どのアクター）が何をしたか／どんな思想を形成してきたか」ということに関心を払ってきた。例えば、本書が関心を寄せる歴史修正主義や保守言説を対象とした研究は、政党政治の動向と社会の分析[13]だったり、運動団体が組織されていく経緯[14]や、あるいは外交・近隣諸国との関係を追うものが多い。[15]そして、ここに膨大な数の政治学や社会学の分析が加わることになる。本書はそれ自体に直接的な批判を加えるものではない。むしろ、それらが担ってきた分析は現状把握のために非常に重要なものと考える。

しかし、一貫して見落とされてきたことは、「どこで語られたか」「どのような方法を用いて語られたか」である。政治研究が「内容」に、歴史研究が「事実」に関する分析や批判であるとするならば、メディア研究はまず「形式」を分析する。この点に着目することで、ある思想が「どのように存在・構築・普及（媒介）されてきたか」という本書を貫通する全体の問いに答えられると考えている。そして、その結果、学問とは異なる「ゲーム」のあり方を解明できるはずだ。

なぜこのような問いが必要なのか。すでにいくつかのヒントが示されている。

第一に、テッサ・モーリス＝スズキが指摘するように、こうした歴史修正主義や保守系の言説に対して、学術的批判が刺さらない現状がある。彼女が分析対象としたのは、フランスの「ル・モンド」で“Yoshinori Kobayashi, auteur et héros de mangas révisionnistes”（小林よしのり、歴史修正主義マンガの作者であり、ヒーロー）（一九九八年一月三十一日）と評された小林よしのりの『ゴーマニズム宣言』シリーズ（第4章で詳述）ほか海外の歴史を描くマンガである。モーリス＝スズキによれば、メディア文化を支える大衆文化市場のメカニズムが、言論の意味的な水準で対抗する方法を模索するうえで困難を生じさせるという。[16] つまり、特定のメディア・プラットフォームを用いて展開される特定の言説は、各メディアの特性（制度、ノリ、ジャンル）を利用しているわけだから、この点を意識せずに対抗言説を作ってもうまく機能しないということを意味している。

第二に、樋口直人もまた、日本の排外主義が歴史修正主義の変種・亜種であることを指摘しながら、欧米の排外主義や極右運動と比較すると、欧米の運動の動員の背後にあるアウトサイダー系ストリートカルチャー（スキンヘッズ、フーリガンなど）は日本の場合には見られず、むしろインターネットやマンガのようなサブカルチャー、すなわちメディア文化が関係していると分析している。事実、樋口の聞き取り調査でも、一九九〇年代の論壇誌や小林作品、『嫌韓流』[17]などのマンガやインターネット（動画サイト）を入り口として運動に参加した者が一定数いる。[18]

しかし、両者ともに広義の「メディア文化」が関与していることを指摘してはいるが、その内実に関しては十分な検討がなされていない。とするならば、政治学や社会学の研究にとどまらず、メディア文化論のアプローチで検討が必要となるはずだが、メディア研究の領野でもこれまでにそうしたアプローチはなされていない。

以上までの指摘の概略からは、歴史修正主義を中心とする現在の保守言説を検討するために、少し視点を変えてみる必要性が示唆されている。すなわち、すでに述べたように、思想や情報の存在の様式である「メディア」とそれを取り囲む文化（社会制度、規範、社会状況など）を検討の範疇に入れなければ、歴史修正主義の「知の秩序」「ゲームの秩序」「ジャンルの秩序」を解明できないのではないか。事実、歴史修正主義は、学問のテリトリー（学会や学術出版）とは異なり、一般書、雑誌、マンガ、インターネットなどの消費者による評価を重要視する媒体で展開されてきたことを特徴にしている。

5　本書のアプローチ――コンバージェンス文化

本書は、これまでとは少し違う視座を用いることで、現状理解への新たな一歩を提供する。いくらか発想の転換をおこなおう。これまでの研究では、運動への参加者やネットへの書き込みをする人たちを「政治」あるいは「運動」に従事する存在として捉えてきた。しかし、「メディア文化」の分析を中心に据える本書では、彼らを「シリアスなファン」と捉えることもできるはずだ。というのは、こうした歴史修正主義の思想は、一方では歴史言説をめぐる熱心な政治的態度として理解されている向きがある。他方でそれがメディア文化と関連がある以上、この思想への参加者は、メディア文化の消費者でもある。メディア論では、メディアが介在する文化は常に「参加（参与）」との関係性を重視してきた歴史がある。

近年では、ヘンリー・ジェンキンスが指摘するように、上（メディア文化生産者）から駆動する文化と、下（メディア文化消費者）から駆動する文化の緊張関係が注目されている。[19] ジェンキンスの議論のポイントは、複数のメディア・プラットフォームが集中していくこと（convergence）、それに人々が参加していくこと（participation）、そして集合的な知（collective intelligence）が形成されることにある。また「参加」については、政治メディア研究の範疇では、エンゲイジメント(engagement)という言葉で表現されることも多い。[20] こうした関心は、近年のメディア論のなかでも中心的な論点の一角を担っている。

少し専門的な話をしよう。ジェンキンスの議論は「コンバージェンス文化 convergence culture」という聞き慣れない概念でまとめられるものである。彼が述べる「コンバージェンス」とは、複数のメディア・プラットフォームをまたぐコンテンツの流通であり、マルチメディア産業の間で同時に文化現象が生じていき、消費者がその過程で多様に振る舞う現象を分析するための概念である。[21]「コンバージェンス」という単語は、通常「収斂」や「集中すること」と訳されるが、ジェンキンスの含意からは、それ以上の意味が読み取れるため、本書ではそのまま「コンバージェンス」と表記することにしよう。

コンバージェンスは、メディア技術の変化・刷新やメディア技術の発展・統合によるデジタル技術やインターネットのように、テキスト・音声・動画などの多様なメディアが単純に一つの技術にまとまっていくことを指すのではない。コンピューターやインターネットの登場によって、ほかのメディアが駆逐されるわけではないからだ。ジェンキンスがこの語を使う意図は、単なる技術的発展以上のものである。デジタルメディアと守旧のメディアは相互にバランスを変えながら社会に存在し続けているので、むしろ、文化そのものを変化させる。そのプロセスを描き出すための枠組みとしてジェンキンスはコンバージェンス文化という概念を提起している。[22] そこには、メディア企業と消費者の間の緊張関係が必ず生じてくる。ジェンキンスは言う。

私たちがみることができるように、コンバージェンスとは、トップダウン式で企業が駆動するプロセスとボトムアップ式で消費者が駆動するプロセスの両方である。企業コンバージェンスは草の根のコンバージェンスと共存する。メディア企業は、収益機会、市場の拡大と、視聴者コミュニティの増強のためにデリバリーチャンネルをまたいでメディアコンテンツのフローを加速する方法を学んでいる。消費者は、より完全にメディアのフローを支配するために、そして他の消費者と相互作用するためにこれらの異なるメディアテクノロジーの使い方を学んでいる(23)。

これらを説明するためのキーワードが、「参加」であり「集合知」である。消費者は、自分たちの文化に十全に参加する権利のために戦い、メディア企業は収益機会、市場の拡大と視聴者コミュニティの増強のために消費者との相互作用を強める(24)。その相互作用と緊張の過程で「集合知」が形成されていくことになる。具体的には、二次創作を考えるとわかりやすいかもしれない。消費者がある作品をもとに二次的な作品を作成し、ファンの間で消費される。それらは、紙媒体、インターネット、動画メディアなどで同時に広がり、メディア文化を形成している。さらに、このようなファンの営みに対して、メディア企業もその市場を取り込もうとして関係をもち始める。このようにコンテンツや消費者が循環しながら形成していく文化をジェンキンスは、「コンバージェンス文化」と呼んだ。

本書は、近年のメディア環境の発展に合わせて、ジェンキンスのように複数のメディアを横断してコンバージェンスされる文化に着目することで、歴史修正主義の実践を検討していく。雑誌、新聞、マンガ、自己啓発書などがそれにあたる。ただし、ジェンキンスのアプローチと少し違うのは、ジェンキンスが著書でテーマごとに一つの章を割いて一度に複数のメディアでの出来事を扱うのに対して、本書は一つのテーマを一冊で扱い、第2章から第5章までの各章でそれぞれ異なるメディアを取り上げる。そうすることで各メディアの特性がよく見えるからである。また、本書ではテレビやインターネットは分析の対象として扱わない。歴史修正主義が盛り上がる一九九〇年代にはこの二つのメディアはほぼ関わっていないためである。そこで、そのためジェンキンスの枠組みを少し拡大解釈し、出版メディアのメディア特性の「間」で起こる文化の収斂を検討する方法を採用する。ただし、必要不可欠な範囲でインターネットやテレビの話題にはふれていく。

そして、本書が捉える「参加」は、「シリアスなファン」の存在を扱う送り手のメカニズム、という点に限定している。「参加」によって作られていく「知性」や「認識」の形式が課題である。その理由は、扱う対象がすでに過去のものになっていて、同時代的に分析できないことに起因している。しかし、生産者と消費者との間の緊張関係を問うこと自体に差異はない。問題にしたいのは、そこで「参加者（読者）」がどのように送り手に取り入れられ、歴史修正主義を普及させていく方法論をどのように構築していくのかという点である。

次に、本書のような政治に関わる思想とメディア文化を対象とした研究は、政治コミュニケーション、政治とメディア、政治エンターテイメントメディアの研究と並んで位置付けることができる。

すなわち、政治に対して直接的・間接的に影響を及ぼしうるメッセージの構築、伝達、受容を検討する研究領野ということになる。日本ではこれらの研究はまだ少ないが、近年、少しずつまとめられ始めている。(25)さらに、日本に限らず、英米圏の研究でも同様の動向がある。とりわけ、政治とエンターテイメントメディアという関心になると、研究蓄積はこの十年に限られ、(26)中心的な関心の一つは、「政治参加」と先に述べた「市民的エンゲイジメント」にある。(27)

政治コミュニケーションの研究は、大きく分けて四つの傾向にまとめることができる。第一に、従来のマス・コミュニケーション論に系譜をもつ計量系の「効果研究」や「内容分析」である。(28)すなわち、メディア・コミュニケーションが、受け手の投票行動や議題設定に与える影響を分析するものである。第二に、批判的文化理論、カルチュラル・スタディーズによる「文化分析」と「オーディエンスの読解分析」である。(29)これは送り手のコード化したメッセージが、受け手によってどのように自律的に読解され、メッセージに対してどのように解釈や意味付与実践がおこなわれるかを検討するものである。第三に、批判的言説分析による「テクスト分析」と呼ばれる言語学分野の知見を用いたものである。(30)これは（とりわけ、分析者の立場を明示しながら）メディアテクストに着目して体系的に分析し、そのテクストの生産・流通、受容・解釈・消費過程に注目するとともに、そこに現れる権力関係やイデオロギーを分析するという潮流である。そして最後に、ラディカル・デモクラシー論と呼ばれる言説のヘゲモニー闘争のなかで利害の節合過程とそこでの権力作用に着目する理論である。(31)だが、その分析対象や分析手法は多様であることが以前から指摘されている。(32)

以上のような研究の潮流のなかで、本書はどこに位置付けられるのか（各論で必要な先行研究は各章で示す)。少し整理をしておくと、第一に、本書が扱う「政治」とは、メディア言説をめぐる政治である。第二に、本書はメディアの「コンバージェンス」「ハイブリディティー」に着目する。第三に、メディア言説への「参加文化」という点を主たる視点に分析を試みる。

とりわけ、現在のメディア研究で、重要なのは第二と第三の点である。本書で扱うメディア対象は、自己啓発本・ビジネス本と言われる類いの一般書籍、論壇誌・総合雑誌・オピニオン誌と呼ばれる月刊や週刊の雑誌、マンガ、新聞である。歴史修正主義は複数のジャンルのメディアで展開されてきた。彼らの「知の秩序」を問うためには、これら複数のメディア・プラットフォームを横断して分析されなければならない。実際、一九九〇年代から情報化の波が加速度的に進み、人々が発信できるメディアは増えた。それはインターネットに代表されるが、決してインターネットという技術の発明が招いただけではない。人々が技術を歓迎して普及した側面に留意すれば、「メディアが社会を変えた」という技術決定論で語り尽くせるものではない。後述するように、複数のメディアにわたって言論が展開され、その複合体としてのメディア文化が成立しているのが現状だ。

そして、第三の点が複数のメディアを横断的に分析するための共通する視座となる。近年の政治メディア研究でも、「参加」は一つのキーワードであり、ジェフリー・ジョーンズ(33)やリスベット・ファン＝ゾーネン(34)などの研究者は、政治情報の消費活動は、参加活動だと提案する。ジョーンズは、(よくも悪くも)ありふれた政治的活動の形態は、ほとんどの人たちにとって、政治的制度と政府の公式的政治過程についての無数のメディアテクストの選択、注意、処理、関与を通してもたらされることを指摘している(35)。こうした提案は、批判的文化理論やカルチュラル・スタディーズによって提唱されたオーディエンスによるメディアテクストへの多元的で能動的な読みと意味をめぐる闘争が、政治的理解を作るためにオーディエンスがメッセージの脱構築と再構築に参加しているという観点から、再概念化されるべきであるという潮流に基づいている。もちろんこれは政治メディアに限った話ではなく、現代のメディア文化では、消費者がメディアコンテンツへの参加の権利を争い、ほかのメディアを使って、文化生産者やほかの消費者との間の関係を強化しようとすると理解されている。(36)

さらに、もう一点補足しておくならば、本書が主に対象として扱う一九九〇年代の研究は、実はあまり多くない。それはメディア研究分野でも同様である。メディア研究のなかで根強く人気があるものの一つが「教養」論である。マスメディアによる教養の生成を論じる研究は、おおむね二〇年代から三〇年代に端を発し、七〇年代頃までの分析で終わる。しかし、現在へとつながる視点を考えるのであれば、メディアに接するアクターが多様化し、権力が多元化していく時期を問わなければならないだろう。それは同時に、教養的なものが崩壊していく過程への言及になる。言い換えれば、「大衆」という言葉で一つの層として捉えられていた人々が、分断され、個別化し、諸派が節合していく過程にほかならない。本書が追うのはその一過程である。

6　本書の構成

本書は、すでに示した視座に従って、現在起こっている現象のルーツをたどるように構成している。

第1章「歴史修正主義を取り巻く政治とメディア体制――アマチュアリズムとメディア市場」で歴史修正主義を取り巻く政治とメディア体制の文脈を追い、以降の各章では、ほぼ同時期（一九九〇年代）に異なるメディア・プラットフォームで起こった政治言説への参加をめぐるメディア文化現象をそれぞれ事例分析していく。その結果、現在へとつながる文化実践のルーツを検討することになる。書籍というメディアの特性上、順序立てて読むことができるように編集してあるが、それぞれ独立して読めるようにもなっている。もし簡潔に読みたいのであれば、「はじめに」「序章」「終章」を読んでから、各章の議論を読むことをお勧めする。

第1章では、「歴史修正主義」と呼ばれる言説がどのような内容と手法をもっていて、誰が担い、どのような運動が展開され、そしてどこ（どのようなメディア）で展開されているのか、概説する。本章で示すのは、第一に、近年の「保守」が歴史教科書をめぐって政治運動をおこなっている実情と、歴史認識を扱うメディア体制である。第二に、歴史修正主義に関わっているアクターが、自身の専門から離れた「アマチュア」であることを指摘する。第三に、その「アマチュア」が思想を普及する場が商業メディアであり、歴史修正主義がメディア市場の力学と結び付いていることを明らかにする。

第2章「「歴史」を「ディベート」する――教育学と自己啓発メディア」では、専門性や事実を重視しないアマチュアの歴史修正主義が強い説得性にこだわる点について、「ディベート」を対象にして分析する。一九九〇年代に歴史修正主義を最もリードした団体の一つが「つくる会」であり、その発起人は教育学者の藤岡信勝だった。彼が九〇年代序盤から中盤にかけて教育学として熱心に唱えていた教育手法が「歴史ディベート」である。そして、「歴史ディベート」を担ったのが、ビジネス系の自己啓発書である。ビジネス系自己啓発書の著者たちも歴史修正主義に合流し、「論破マニュアル」を形成する。現在のインターネット上の言説、そして『嫌韓流』や『ゴーマニズム宣言』などの排外主義や保守思想のマンガもまた「論破」や「ディベート」型のコミュニケーションを得意としていた。これらが注目された社会背景とメディア環境を分析し、どのような知的文化を作り上げたのかを解明する。

第3章「「保守論壇」の変容と読者の教育――顕在化する論壇への参加者」では、歴史修正主義のアマチュア知識人による言説がどのような空間で思想を展開していったのかを検討する。具体的には、「保守論壇誌」「オピニオン雑誌」と呼ばれる雑誌群に「サブカルチャー」文化が導入される過程と「読者参加」の文化を形成する過程とを検討していく。一九九〇年代、保守論壇誌『正論』は読者投稿欄のスペースを拡大して、読者の声を積極的に拾うことで、読者を取り込み、読者が好むコンテンツを増やしていく。アマチュアでも入り込めるくらいサブカルチャー化した「論壇」が消費メディアとして、そして読者との交流の場として機能していく過程を分析する。

第4章「「慰安婦」問題とマンガ――『新・ゴーマニズム宣言』のメディア論」では、歴史修正主義とサブカルチャーの関係を小林よしのりの『新・ゴーマニズム宣言』での「慰安婦」問題を対象として検討する。小林は「慰安婦」問題を描き始めたあと、歴史修正主義に傾倒していく。小林のマンガは多くの読者にとって歴史修正主義の入り口になったが、単純に内容だけがそうさせたのではない。小林は、メディア市場のメカニズムを利用した。彼の単行本は、表現はマンガだが、メディアとしては「書籍」として販売されている。そのためにベストセラー書として世に顕在化できた。また、彼は読者に参加を求め、読者意見をもとにして紙面を構成することで、自説の共有者を増やしていった。この機制を析出する。

第5章「メディア間対立を作る形式――〈性奴隷〉と新聞言説をめぐって」では、メディア間の対立がどのように作られているのかを考察するために「慰安婦」問題での〈性奴隷（制）sex slaves, sex slavery〉を否定する歴史修正主義者の言説を取り上げる。彼らが攻撃対象とする新聞での〈性奴隷〉の用い方を検討し、彼らの批判が事実に基づかず、事実ではないからこそメディア間の対立が強まっている点を析出する。そして、メディア間対立を作る文化を論じ、それらが「党派性」を帯びていくメカニズムを論じる。

そして、終章「コンバージェンス文化の萌芽と現代――アマチュアリズムの行方」で本書の分析を整理するとともに、第2章から第5章で独立して論じた対象を横断的に再検証し、複数のメディア・プラットフォームで同時進行していった歴史修正主義のコンバージェンス文化と参加型文化の容態をまとめる。さらに、「フェイクニュース」など事実に反する情報が現実的に流れていく現象を下支えしている構造まで射程を広げ、一九九〇年代にルーツをもつこの文化現象が、現在どのように開花しているのかを検討する。その結果導き出される本書の結論とささやかな処方箋を提示するつもりである。

あれやこれや下準備が長くなった。それでは本論に移ろう。

注

(1) フリードリヒ・キットラー『グラモフォン・フィルム・タイプライター』石光泰夫／石光輝子訳、筑摩書房、一九九九年、三ページ

(2) レイシズム研究では、対象によって大きく分けて二つの流れがある。一つは、古典的レイシズムを対象とした研究である。古典的レイシズムとは、黒人は道徳的・能力的に劣っているという信念に基づく偏見のような、公然とした差別である。こうした傾向は二十世紀の間に社会的に容認されないものとなっていった。もう一つは、現代的レイシズムあるいは、象徴的レイシズムと呼ばれるもので、経験的な研究から明らかにされてきた。例えば、「①黒人に対する偏見や差別はすでに存在しておらず、②したがって黒人と白人との間の格差は黒人が努力しないことによるものであり、③それにもかかわらず黒人は差別に抗議し過剰な要求をおこない、④本来得るべきもの以上の特権を得ている」(高史明『レイシズムを解剖する——在日コリアンへの偏見とインターネット』勁草書房、二〇一五

年、一三—一四ページ）といった類いの差別である。在日コリアンへのレイシズムは、こうした現代的レイシズムの特徴を示していて、「行き過ぎた権利要求」へのバックラッシュとなる。そのために、「被害者」なのは、マジョリティである自分たちであるという「逆差別」的な発想がまかり通ることになる。

現代的レイシズムの特徴は、批判的言説分析 Critical Discourse Analysis の分野で実証的に研究がされていることである。テウン・ヴァン・デイクによれば、現代の人種差別のレトリックの特徴は「差別の否認」にあるという。「行為」「意思」「意図」「目的」などは否認され、むしろ差別の緩和が図られる。例えば、「黒人に対する偏見はない」「私は差別のつもりで言ったわけではないが、結果として差別として捉えられた」とか「私は彼を脅かそうとしたのではない。親切な忠告をしようとしただけだ」というような否認や緩和などで表現される（テウン・ヴァン・デイク「談話に見られる人種差別の否認」、植田晃次／山下仁編著『「共生」の内実——批判的社会言語学からの問いかけ』所収、三元社、二〇〇六年、一八七—二三一ページ）。

（3）辻大介「インターネットにおける「右傾化」現象に関する実証研究」（http://d-tsuji.com/paper/r04/）［二〇一七年八月三十一日アクセス］

（4）前掲『レイシズムを解剖する』三二ページ

（5）同書四〇ページ

（6）同書四四、八八ページ

（7）同書一六二ページ

（8）樋口直人『日本型排外主義——在特会・外国人参政権・東アジア地政学』名古屋大学出版会、二〇一四年

（9）樋口直人「排外主義・人種主義を欧州と東アジアで考える」「M－ネット」第百二十九号、移住者と連帯する全国ネットワーク、二〇一〇年、四ページ、前掲『日本型排外主義』一五七、一六一ページ、樋口直人「日本政治の中の極右」「世界」二〇一五年三月号、岩波書店、一一八ページ

（10）樋口直人「国家安全保障と排外主義」「IMADR通信」第百八十四号、反差別国際運動、二〇一五年、一三ページ

（11）片山杜秀『近代日本の右翼思想』（講談社選書メチエ）、講談社、二〇〇七年、六―一二ページ

（12）歴史学者ピエール・ヴィダル＝ナケによれば、ホロコーストの否定は次のような「極めて単純な原理」を共有している。短くまとめると、第一に、ジェノサイドやガス室の存在の否定、第二に、ユダヤ人の東欧方面への「追放」でしかなかった、第三に、犠牲者数の矮小化、第四に、戦争責任の否認（戦争は一方だけが悪いわけではない）、第五に、敵を構築して責任転嫁、第六に、ジェノサイドはシオニズムのプロパガンダによるでっちあげ、という六点に整理される（ピエール・ヴィダル＝ナケ『記憶の暗殺者たち』石田靖夫訳、人文書院、一九九五年、三九―四一ページ）。日本版歴史修正主義にも同じ「原理」を指摘できる。南京事件の否定でも犠牲者数を矮小化し、証言の信憑性を否定し、三十万人の犠牲者数は中国のプロパガンダであるとする言説は、歴史否定の常套句である。

（13）中野晃一『右傾化する日本政治』（岩波新書）、岩波書店、二〇一五年

（14）例えば、堀幸雄『戦後の右翼勢力』（勁草書房、一九八三年）、安田浩一『ネットと愛国――在特会の「闇」を追いかけて』（［g2 book］、講談社、二〇一二年）、前掲『日本型排外主義』、菅野完『日本会議の研究』（［扶桑社新書］、扶桑社、二〇一六年）などを参照。

（15）木村幹『日韓歴史認識問題とは何か――歴史教科書・「慰安婦」・ポピュリズム』（［叢書・知を究める］第四巻）、ミネルヴァ書房、二〇一四年、参照

(16) テッサ・モーリス－スズキ『過去は死なない――メディア・記憶・歴史』田代泰子訳、岩波書店、二〇〇四年、二三九、二四一ページ

(17) 山野車輪『マンガ嫌韓流』(晋遊舎ムック)、晋遊舎、二〇〇五年

(18) 前掲『日本型排外主義』六七、一四八―一四九ページ。歴史修正主義でのメディアとの関係は過去にも指摘されている。鵜飼哲によれば、ナチスのホロコーストの問題が、アメリカのテレビドラマ『ホロコースト』で人々に広がった事例がある。ドラマは、ホロコーストの犠牲者を歴史的な出来事ではなく、一つのユダヤ人家族の問題、ファミリードラマとして形象化した。そして、それは歴史修正主義が一定の説得力をもっていく時期に重なると指摘している(鵜飼哲「歴史修正主義――ヨーロッパと日本」、「特集 記憶の内戦――自由主義史観批判」「インパクション」第百二号、インパクト出版会、一九九七年、五三ページ)。

(19) Henry Jenkins, *Convergence Culture: Where Old and New Media Collide*, New York University Press, 2006.

(20) エンゲイジメント(engagement)は非常に訳しづらい言葉だが、おおむね「関与」の意味をもつと考えられる。Patricia Moy, Michael A. Xenos and Muzammil M. Hussain による“News and Political Entertainment Effects on Democratic Citizenship,” (*International Encyclopedia of Media Studies*, vol. 5, 2013, pp.463-482.) の記述によれば、研究者は「社会資本 social capital」に二つの側面が関係していると見ていて、それが社会的信頼と社会的紐帯であり、後者に関わる手段をしばしば市民的エンゲイジメントと呼ぶ。それらは古いメディアでも確認できるし、オンラインでもオフラインでも水平的な相互関係である。

(21) Jenkins, *op. cit.*, p. 2.

(22) *Ibid.*, pp. 15-16.
(23) *Ibid.*, p. 18.
(24) *Ibid.*, p. 18, 243.
(25) 前掲『テレビ政治』、逢坂巌『日本政治とメディア――テレビの登場からネット時代まで』(中公新書)、中央公論新社、二〇一四年、山腰修三『コミュニケーションの政治社会学――メディア言説・ヘゲモニー・民主主義』(Minerva 社会学叢書)、ミネルヴァ書房、二〇一一年
(26) R. Lance Holbert and Dannagal Goldthwaite Young, "Exploring Relations between Political Entertainment Media and Traditional Political Communication Information Outlets," *The International Encyclopedia of Media Studies*, vol. 5, 2013, pp. 484-503, 485, 495.
(27) Moy, Xenos and Hussain, op. cit., pp. 463-483, 463.
(28) マス・コミュニケーション論に系譜をもつ「効果研究」は、プロパガンダ理論などとともに発展し、モデル・理論の提唱をしてきた。おおむね、その関心は政治エリート、ジャーナリスト、その他利益集団による選挙、政策決定、世論に関するメッセージの構築、伝達、受容と効果・影響についてだった。その過程で効果が限定的と見られる「限定効果説」では、集団の権力の多元性が指摘されてきた。
(29) 批判的コミュニケーション論(批判理論)は、マス・コミュニケーション研究の計量的側面に批判的検討を加えた潮流である。特徴としては、メディアの技術決定論を否定し、制度的に政治コミュニケーションに参加できなかった人たち(人種、ジェンダーなど)の文化実践を検討することを通して、意味作用を解釈しようとする試みだったと言える。スチュアート・ホールによる「エンコーディング/デコーディング」モデルのように、オーディエンスは比較的自律的にデコード(読解)し、そのデコードを通して社会的意味が見いだされる闘争の場としてのマス・コミュニケーションを検討した。

そこから「多様な読解」「能動的オーディエンス」という受け手の態様を析出していった。

（30）言説分析は、出来事や行為の「語られ方」が歴史的・文化的・社会的にどのように構築されるのか、その要因は何かに着目する（前掲『コミュニケーションの政治社会学』七一―七二ページ）。

（31）ラディカル・デモクラシー論は（第5章でもふれるが）、エルネスト・ラクラウとシャンタル・ムフが提唱するもので、カルチュラル・スタディーズが多元主義の絶対化のアポリア問題（多様な読みの間の権力関係を不問に付す）に陥っている状態からの脱却で、言説の「節合 articulation」「ヘゲモニー」概念に着目する。ヘゲモニー戦略で、社会的争点は特定の結節点になる「空虚なシニフィアン」を参照しながら「敵対性」を創出していく過程を説明する（エルネスト・ラクラウ／シャンタル・ムフ『民主主義の革命――ヘゲモニーとポスト・マルクス主義』西永亮／千葉眞訳〔ちくま学芸文庫〕、筑摩書房、二〇一二年）。

（32）Dan D. Nimmo and Keith R. Sanders, "The Emergence of Political Communication," *Handbook of Political Communication*, SAGE Publications, 1981.

（33）Jeffrey P. Jones, *Entertaining Politics: Satiric Television and Political Engagement*, Rowman & Littlefield, 2009, p. 23.

（34）Liesbet van Zoonen, *Entertaining the Citizen: When Politics and Popular Culture Converge*, Rowman & Littlefield, 2005.

（35）Holbert and Young, op. cit., pp. 484-503, 489.

（36）Henry Jenkins, "The Cultural Logic of Media Convergence," *International Journal of Cultural Studies*, 7(1), 2004, pp. 33-43, 37.

ジェンキンスが指摘する「コンバージェンス文化」は、「メディアミックス」とは異なる。メディアミックス（あるいは、media franchise）は、一つの作品が商業的成功を収めていく過程で、複数のメディアに派生する商品を製作する販売手法を示していて、生産者側の論理を中心として作るものを指す。しかし、コンバージェンスは送り手だけではなく、消費者が二次創作をしたり、生産者に抗議する過程を意味するものである。ジェンキンスは、政治の話題にもふれるが、例えば『ハリーポッター』（J・K・ローリング）のファンダムが、二次創作のサイトを運営し、それが肖像権の関連でワーナー・ブラザース社との争いになる過程や、キリスト教右派が同小説を悪書として地元・学校図書館の本を焚書にする過程と、それに対抗する教師、キリスト教の良心派の抵抗をフィールドしている（Jenkins, *op. cit.*, chapter5）。

複雑な本書を読むための補助線を入れておこう。本書は、歴史修正主義がメディア文化を用いてその知性を構築し、メディア市場のメカニズムのなかで「集合的な知」を形成・共有していく様相を描き出す。その結果、「ゲームの違い」が生まれ、批判が刺さらない現状に至ったことを明らかにする。そのために引き合いに出しておきたい人物がいる。稲田朋美元防衛大臣である。

弁護士である稲田朋美は、保守論壇誌「正論」一九九七年一月号（産経新聞社）の読者投稿欄への投書でメディアに登場する。歴史については「アマチュア」である。その後、南京事件時の「百人斬り訴訟」の原告弁護士として「朝日新聞」を相手取った。結果は敗訴だったが、その過程で、自由主義史観研究会に参加、日本会議、「諸君！」「正論」「産経新聞」に執筆者として登場する。その後、安倍晋三がスカウトして二〇〇五年に自民党から立候補して衆議院議員に当選し、一四年に自民党政調会長、一六年に防衛大臣を担当する。当選以降ではテレビやインターネットのサイトでもよく目にすることになった。そして、防衛大臣在任中に右派論壇誌「月刊 Hanada」二〇一七年七月号（飛鳥新社）の右派知識人渡部昇一への追悼文で「［渡部：引用者註］先生のおっしゃる『東京裁判史観の克服』のためにも固定概念にとらわれず、『客観的事実はなにか』を追求する姿勢を持つことが大切だ」と述べ、戦後の国際秩序を根本から無効化する「歴史修正発言」を放った（「「東京裁判史観の克服のため」稲田防衛相が雑誌に寄稿」「朝日新聞デジタル」二〇一七年六月九日付〔http://www.asahi.com/articles/ASK693SF9K69UTFK00F.html〕［二〇一七年八月三十一日アクセス］）。

稲田朋美は、本書で検討していく「読者投稿欄」、自由主義史観研究会、「論壇誌」、新聞批判（の訴訟）、日本会議を踏襲しながら、（マンガこそ描かないものの）国政へと活躍の場所を移し、「消費者」と「生産者」の相互作用を（自身がもつ系譜や立場を最大限利用して）生き抜いた「参加者」と言っていいだろう。このようなアクティブな「参加」が歴史修正主義を動かしていく。

第1章　歴史修正主義を取り巻く政治とメディア体制——アマチュアリズムとメディア市場

本章では、歴史修正主義を取り巻く政治とメディア体制を整理していく。歴史修正主義者は、その主張を運動のなかで展開してきた。それは歴史修正主義をバックアップするメディアの体制と深く結び付いている。何をどんな手法で主張し、誰が担い、どのようにしてメディアと関連しているのか。取り上げるのは、「つくる会」や日本会議による教科書運動、そしてメディア市場の状況である。

1　歴史修正主義の特徴

「歴史認識」論争

一九九〇年代、国際情勢の変化（冷戦の終結、アジア諸国の民主化）は、戦争責任のトランス・ナショナル化をもたらし、それまで戦争責任をうやむやにしていた諸要因を変化させ、敗戦から半世紀後に戦争や植民地支配の記憶を「日本人」に突き付けた。それを契機に、今日に至る「歴史」をテーマとする論争が沸き起こった。本書で扱う自由主義史観や「新しい歴史教科書をつくる会」(「つくる会」)などもその過程で登場している。

一九九〇年代の「歴史認識」の特徴は、第一に、それまでの戦前・戦中世代の実体験に基づく「大東亜戦争肯定論」とは異なり、「歴史の物語論」という装いを採った点である。「つくる会」の西尾幹二の『国民の歴史』(1)では、冒頭から「歴史は科学ではな」く、「民族のロマン」だと一方的に宣言し、「国家の正史」を「国民の物語」として位置付けている。この論法では、歴史の認定をめぐる実証性・客観性が棄却され、歴史は、歴史を語る主体の価値観によって変わる。そして、国際的な歴史認識との整合性が問われなくてすむように、日本人にはほかの国の人々が語るのとは異なる物語があってもいい、という思考方法が採用されている。

第二に、構築主義のスタンスをとることである。「つくる会」の坂本多加雄によれば、日本人としての誇りに基づく「歴史」は「国民形成の物語」だから、「国民という存在は、それ自体は目に見えないものであって、観念的な存在であり、そうした観念を形作るものこそ、国民の物語にほかならない」(2)という。つまり、坂本もまた西尾と同じように、歴史は国民の誇りのためにあるという認識に立ち、さらにその国民とは出来事の羅列からではなく、出来事の間を縫う動的な経緯、すなわち物語のなかから立ち現れると強調する。しかしながら、国民形成の物語を遡及的に創生することは、情報の取捨選択を正当化し、やはり歴史認定の条件から実証性・客観性を放棄する。

他方で、歴史修正主義の「歴史認識」を批判する側の言説もまた一枚岩ではない。例えば、前述のような歴史観に対して、実証的な歴史学的手続きにのっとって「歴史の真実」を対置するという立場への見直しもある。すなわち、歴史修正主義に対して公文書に基づいた事実から誤りを指摘すれば事足りるとする発想は、公文書中心主義として、公に残されることが乏しかった女性たちの証言を重視しない立場などともつながってしまう。あるいは、歴史を現在の時点からの再構成であるとする立場も、裁定者の視点、すなわち誰の物語を重要視するのか、という新たな問題を抱えることになる。さらに複雑なのは、ここに戦争への応答責任を負う「日本人」としてのポジショナリティの問題が関連するためである。

以上のように「歴史」そのものを捉える方法について大きな論争が起こった。もちろん、その内実を詳述することは、本書の目的ではなく、筆者の力量も超える。だが、いずれの立場に対しても一貫して指摘できることは、「歴史認識」とは「歴史学的認識」と同一ではないということである。哲学者の高橋哲哉が指摘するように、「歴史認識」は、歴史学の成果を踏襲し、政治的・倫理的に「われわれはどこから来て、どこへ行くのか」という問いへと接続するものである。(3)

しかし、歴史修正主義者は、歴史的事実よりも構成された歴史的物語の解釈を優先する。「つくる会」の藤岡信勝は現在の歴史観を「自虐史観」と呼び、代替案として「司馬史観」を前提とする歴史を教育課程で学ばせたほうがいいと主張する（第2章で詳述）。現在の歴史観の代替案が「フィクション」であってもそれは問題ないということだ。あるいは、渡部昇一は、「われわれがこれから着手しなければならないのは、まず近代史をゆがめた占領政策と三二年テーゼを即刻捨て、日本側の言い分による近代日本の歴史を構築することだ。それは決して無理なことではない」[4]と述べる。両者に共通しているのは、歴史認識を政治的なイデオロギー闘争に利用しようとしている点である。ここにあるのは、トランス・ナショナルな「歴史の真理」は無視して、自国のイデオロギーのために自分たちが納得する「歴史」を提起したいという欲望である。

歴史修正主義者の思考の枠組み

歴史修正主義者は、実際に、どのような手法でイデオロギー闘争をしているのか。

平野直子は、日本会議国会議員懇談会に属する赤池誠章自民党副幹事長（二〇一四年当時）の発言を引き合いに出して分析する。赤池の主張はこうだ。現行憲法は「押し付け憲法」であり、第九条の「戦争放棄」は「アメリカが日本人の無力化を狙って定めたもの」で、「第二十四条の家族生活における個人の尊重や、両性の平等、二十七条の勤労の権利及び義務」は「旧ソ連の一九三六年スターリン憲法に影響」されている。したがって「社会主義者や共産主義者」は「護憲」派だとする。

現行憲法と「共産主義」を結び付ける赤池の主張は、一般的認識とはズレている。しかし、平野は、この思考は「無知」ではなく、「現代「保守」言論の、特殊な語りの枠組から生み出されたもの」と述べる。さらにこの編成について、議員らが「この枠組にしたがって「現実」を学び、解釈し」た結果であり、「これを仲間うちで共有し、おたがいの語りのなかで繰り返し、確認し合ううちに、物語の「現実」理解の枠組としての強度は増して」[5]いったものと指摘している。

このような「枠組み」は、通常「陰謀論」と呼ばれる類いのものである。陰謀論とは、「社会主義者」「共産主義者」「ユダヤ人」などのように、社会の背後でひそかに何かを謀っている大きな敵(彼ら)を想定することによって、現状起きている不都合な現実について原因を「彼ら」に還元し、あたかも体系的に説明可能であるように理解するものである。歴史修正主義では事例に事欠かない。

顕著な例を挙げるならば、アパ・グループ主催の第一回真の近現代史観懸賞論文最優秀藤誠志賞を受賞した田母神俊雄の「日本は侵略国家であったのか」だろう。この論文では、「蔣介石はコミンテルンに動かされ」、「張作霖列車爆破事件」は関東軍ではなく「コミンテルンの仕業という説が極めて有力」であることから、「日本だけが侵略国家だといわれる筋合いもない」[6]と主張している。あるいは、評論家の江藤淳が『閉された言語空間』[7]で紹介した「戦争についての罪悪感を日本人の心に植え付けるための宣伝計画」である「WGIP(War Guilt Information Program)」による「洗脳」も人気だ。例えば、日本会議・日本教育再生機構の髙橋史朗もWGIP政策によって今日の日本が「自虐的にすべて日本が悪かったのだと謝罪を繰り返す」[8]ようになったと述べる。しかし、能川元一が指摘するように、髙橋らはWGIPの「洗脳」の成果を過剰に評価している。アメリカの認識が日本人に「自虐」を植え付けたのではなく、南京事件、侵略戦争を否定する立場からWGIPを捉えたときに、このプログラムが「自虐」と判断されるのだ。そうして、WGIPが歴史否定論のメタ理論になる[9]。

以上の例は歴史修正主義のやり方の一部でしかないが、この思考の枠組みは、「陰謀論」とその「共有」に特徴付けられる。また、陰謀に依拠した「敵」を前提とするため、自身の立ち位置を

「被害者」としての「マジョリティ」に位置付ける構造をもっている。さらに、こうした内部整合性を強く保とうとする動きは、歴史の実証を重視せずに、根拠が怪しいメタ理論から「演繹」して構成する論理構造をもっているると考えられている／てきた。そのために、この「枠組み」を共有しない他者とのコミュニケーションは難しくなる。[10]

2　歴史修正主義はどこで／誰が展開しているのか

歴史修正主義はどこで展開されているのか

歴史修正主義者は、政府見解で事実が確認・公表されているにもかかわらず、[11]「南京事件」や「慰安婦」問題への否定を繰り返している。それらの主張はどこで展開されているのか。例えば、岩波書店の雑誌「世界」では、そうした見出しは見られない。彼らの主張に基づく見出しを大量に生産しているのは「正論」「諸君!」（二〇〇九年廃刊）、「Voice」（ＰＨＰ研究所）、「WiLL」などいわゆる保守論壇誌である。

その傾向をデータで見てみよう。だが、時期を限定する必要がある。樋口直人の先行研究によれば、保守論壇では一九九〇年代から東アジア地域のトピックが増加し、他方でソ連関連の記事は激減する。そして、二〇〇〇年代からは本格的に近隣諸国と軍事と歴史に関連する記事が増えていく傾向にある。当時の歴史的・社会的背景と重ね合わせると、一九九七年から民主党政権が誕生する二〇〇九年まで、常に全体の約一〇%の割合で「歴史問題」に関わる記事が存在していたことが確認できる。[12] 以上を考慮し、一九九〇年から二〇一七年一月までの主要な歴史問題に関する記事をこの時期を通じて継続して刊行されている『正論』でカウントした。

図1は「南京事件」「慰安婦」「大東亜戦争」「東京裁判」のワードが見出しまたはタグにつけられているものの記事件数を雑誌記事検索サービス magazineplus で検索した結果である。[13] ただし、同一見出し、またはタグ内でキーワードが重複している場合もカウントしているため、大きな傾向を見るための目安として考えてほしい。

件数の推移から見えてくることは、樋口が述べるとおり、歴史問題はコンスタントにトピックとしてあがっているということである。あくまでも目安だが、前記の四ワードに限っても年二十本近くの記事が並び、一号一本は「歴史を問い直す」記事が必ず書かれている頻度になる。重要なのはその傾向だが、やはり戦後七十年である二〇一五年にいずれのトピックも集中して書かれていることがわかる。他方で、同じ区切りの年でも、戦後五十年である一九九五年、戦後六十年である二〇〇五年には目立っていない。前述のトピックに限っても一九九五年は七本、二〇〇五年は十六本と、ほかの年と比較しても少数である。こうして見ると、二〇一五年に九十五本もの記事を掲載していることは、異例に映る。この背景には、前年末の選挙で歴史修正主義色が強い安倍晋三率いる自民党が大勝し、戦後七十年談話での歴史問題言及への期待があったこと、そして同誌が前年から本格的におこなっていた「歴史戦争」キャンペーンの高まりがあると考えられる。[14]

加えて重視しておくべき傾向は、『朝日新聞』との関連である。前述の樋口は保守論壇誌と近隣

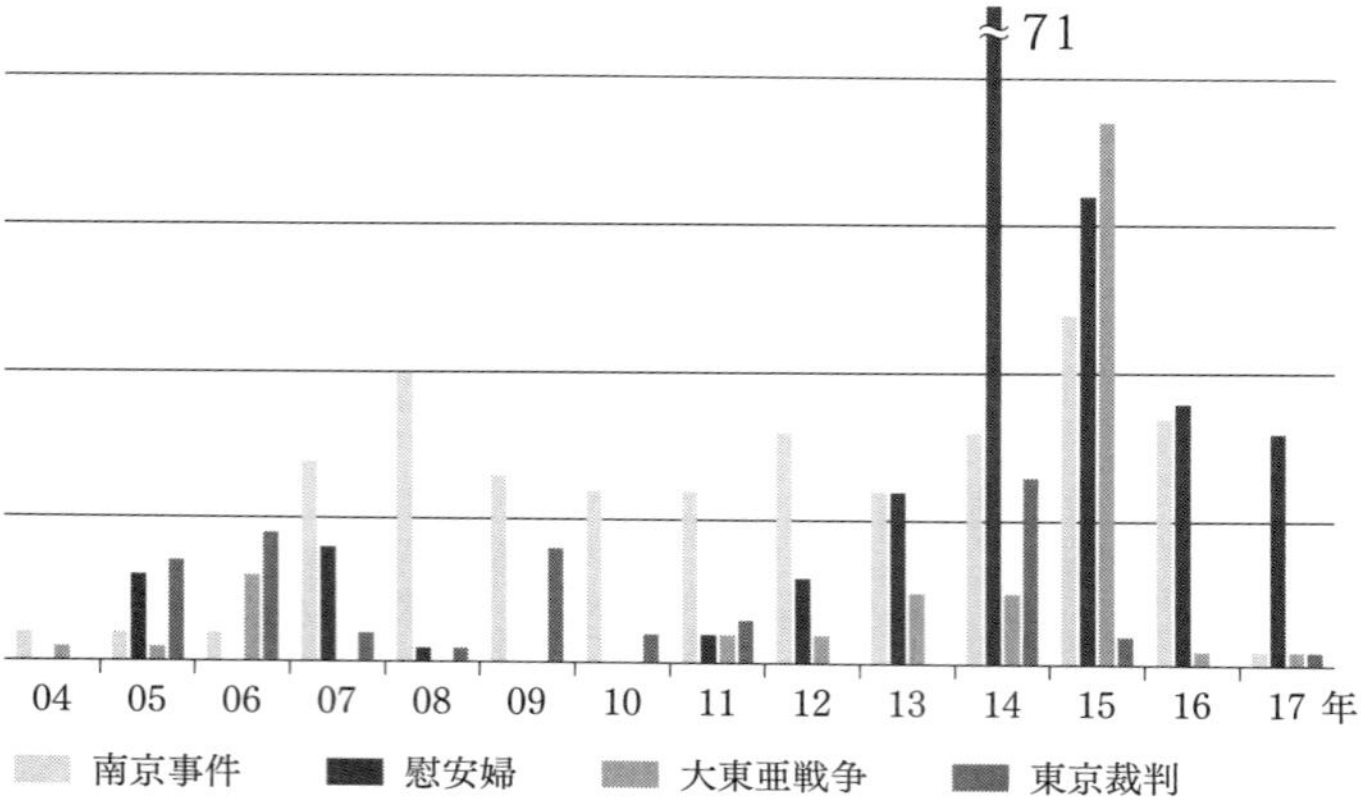

諸国・軍事・歴史問題の親和性を分析しているが、それとは別に、とりわけ「慰安婦」問題に限っては、「朝日新聞」との関連で展開していることに注意したい。保守論壇や新聞社による「慰安婦」問題と「朝日バッシング」の様相については第5章でふれるが、「正論」に限らず「WiLL」や「諸君！」でも同様の傾向が読み取れる。「正論」では、「慰安婦」に並んで出現するキーワードは、「韓国」よりも倍以上の頻度で「朝日」なのである。

誰が歴史修正主義を担っているのか

前記保守系論壇誌のなかでも発行部数が多い三誌（「正論」「諸君！」「WiLL」）に、期間中二百回以上登場する執筆者を抽出すると、上位のランキングは表2のようになる（ただし、各誌の編集者や社員のジャーナリストは除いている）。

これは合計を示しただけであり、「諸君！」は二〇〇九年に廃刊、「WiLL」は〇五年の創刊のため、ここからは各人の傾向の委細について比較できない。そこで、三誌が共存した〇五年から〇九年に限定して見ると、どうなるか。

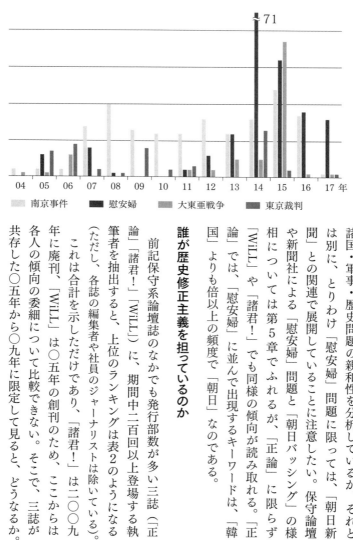

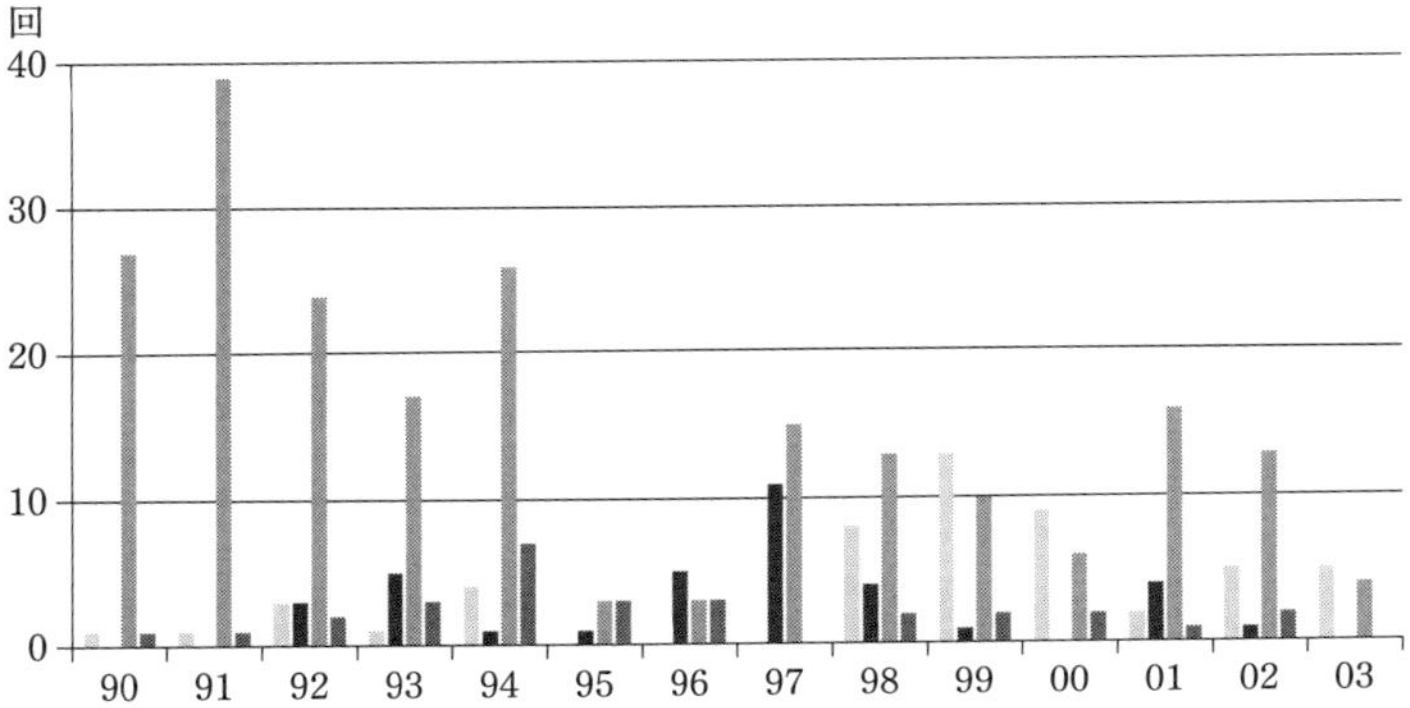

図１　「正論」の歴史記事の傾向

それを示したのが表３である。

この方法によるデータの採取に限界があるとはいえ、ここからは、上位の著者が主戦場こそ違えど、この保守系の中心的な論壇誌三誌で多くの原稿を書いているのがわかる。回数の差を生じさせているのは、コラムなどの連載回数が影響しているためである。したがって、表の括弧内の数を引くと、他誌との執筆依頼件数の比較ができるだろう。彼らは継続して原稿を書いているが、時期をこのように限定してもなお、彼らがやはり保守系メディアのイデオローグであることがわかる。また、二〇一〇年以降の「正論」「WiLL」の執筆回数のデータを見ても、渡部、櫻井、西尾は上位のままである。他方で、「WiLL」が登場する以前の「正論」「諸君！」への執筆回数は西尾幹二が最も多く、八木、櫻井を凌駕している。このことから、保守論壇を牽引してきた人物は西尾であり、櫻井と八木はやや遅れて論壇の中心に参入してきたと考えることができる。渡部は、歴史問題以外にも一九八〇年代から継続して保守論壇に評論を寄稿していて、息が長い論客である。また、福田

表2　「magazineplus」による「保守論壇誌」の執筆者の検索結果

八木秀次（法学者）	326
潮匡人（評論家・軍事ジャーナリスト）	297
渡部昇一（英語学者）	294
福田和也（文芸評論家）	284
西尾幹二（ドイツ文学者）	283
櫻井よしこ（ジャーナリスト）	207

表3　2005年から09年の執筆者登場回数

2005-2009年	「正論」	「諸君！」	「WiLL」
八木秀次	93（52）	22	5
潮匡人	90（63）	9	8
櫻井よしこ	20	24	12
渡部昇一	18	9	61（13）
西尾幹二	15	19	24（ 2）
福田和也	29（23）	21（15）	0

括弧内は連載。刊行号数よりも多くの登場回数があるのは、1号あたり2本以上書いていたり、原稿と対談の両方で登場するためである

からは、いわゆる歴史修正・否定の発言は見いだせない。

では、彼らはどういった背景をもった人物なのだろうか。渡部昇一は英語学者、櫻井よしこはジャーナリスト、潮匡人は評論家、八木秀次は法学者、西尾幹二はドイツ文学者であり、一見して彼らの専門に共通性は見られない。彼らの寄稿の見出しを、それぞれ登場回数が最も多い雑誌から歴史を対象とした主題に注目して並べれば次のようになる。

渡部昇一「東京裁判は日本を蝕む〝梅毒〟だ」（「総力特集　大東亜戦争の真実」「WiLL」二〇〇五年九月号、ワック）

八木秀次「歴史をこれ以上政治に売り渡してはならない――日中共同研究に潜む危うさ。安易な妥協が日本の未来を損なう」（「正論」二〇〇七年五月号、産経新聞社）

西尾幹二「東京裁判史観を撃つ　張作霖爆殺の黒幕はコミンテルンだ」（加藤康男との対談、「正論」

二〇一一年七月号、産経新聞社）
櫻井よしこ「闘う政治家 安倍首相の「歴史認識」を質す」（八木秀次、屋山太郎との対談）（「総力特集「捏造された歴史」に呪縛される日本」「諸君！」二〇〇七年三月号、文藝春秋）

一目して、彼らの専門との関連を読み取ることができない。「異ジャンル率」「非専門率」が非常に高いのだ。歴史や政治を問う記述が数多くある一方で、論壇誌で彼らの専門である英語学、ドイツ文学、法学の知見が彼らの筆で記されることはごくまれである。法学者の八木が憲法を論じることには違和感はないように思うが、実のところ憲法に関する学問業績は皆無に等しい。また、記事の見出しからは、櫻井よしこは何が専門なのかわからない。

「専門家（エキスパート）／非専門家（アマチュア）」を分かつ線は、分野によってもそれぞれあるが、ひとまず本書では、第一に、対象を「歴史」に関わる話題に絞っておこう。第二に、「手続き」が専門家と非専門家で異なる。重要なのは後者の「手続き」のあり方である。すなわち、十九世紀に確立された「歴史学」の特徴である、過去の「再構築」、客観性の維持、史料による根拠の明示、そしてこれらの方針を共有するコミュニティによるピアレビュー（＝同分野の者たちによる相互評価）という「手続き」を経ているものを専門家とする。他方、そうした「手続き」を共有も用意もせず、「歴史」を語るひとが「非専門家（アマチュア）」と言える。

このような非専門家としては、（歴史に限らず）テレビの情報番組やワイドショーのコメンテーターが代表的だが、商業メディアに論者として登場する人たちは、学者、弁護士、ジャーナリスト、シンクタンク、評論家、漫画家、タレントなど幅広く、さらには、そこから知名度を生かして政界に進出するケースが多い。すなわち、彼らは異ジャンルの政治動向や社会現象について専門領域に限定せず横断的に語る、現在のメディア知性の一端を担う「メディア知識人」と言っていい。踏み込んでいうならば、論じる対象に対する学問的裏付けに精通していたり、専門的な取材を独自に継続している「専門家」ではない。これは現代メディア知性の一つの特徴と言える。

この「メディア知識人」という言葉を使った竹内洋は、『教養主義の没落』で、興味深いことを述べている。竹内は、一九八〇年代中盤のビートたけしを引き合いに出して、たけしが大衆にわからない言葉を並べる旧来の知識人を批判する姿は、「反教養主義派統一戦線のイデオローグ」として機能する、と指摘する。竹内はたけしの振る舞いを、「「優等生」を「優等生」の論理で揶揄し、「対抗的」象徴的暴力を振るえる「知的」野郎」としての「ヒーロー」として描き出し、社会の知的なものの変化を読み取っている[15]。

保守論壇には、伊藤隆、秦郁彦、北村稔、東中野修道などの歴史学者もまれに登場するが、歴史問題の主要な論者は非専門家の櫻井、八木、渡部、西尾である。なぜ保守論壇は、いわゆる歴史学者を呼ばないのか。おそらく、イデオロギーを前景化させるためだろう。すなわち、近年の「知の秩序」の傾向について、「玄人」から「素人」へ、「ポピュラリティ」へと移行しているという指摘[16]があるように、政治でも、政治家・官僚などによる密室政治から、メディアなどに開かれた形式に移行しつつあった。例えば一九八五年放送開始の『ニュースステーション』(テレビ朝日系)が単なるニュース番組と一線を画し、高視聴率を獲得する報道番組としての地位を確立していく時期、大衆を説得できる「知識人」が旧来の「知性」に対する「カウンター」として要請され始めた時期、そして保守論壇が隆盛する時期とが重なり合っていることは興味深い。

しかし、保守論壇誌の中心的な「メディア知識人」のメンバーには、別の特徴がある。それは彼らが「つくる会」（八木、西尾）や日本会議（八木、櫻井、潮、渡部）といった歴史修正主義を含む政治思想を担う政治運動団体に関与していることである。彼らの動向を「メディア」という視点から次のように分節化しよう。まず一方に、政治運動に参画するメディア知識人の存在がある。その政治運動の中心の一つは、教科書運動である。では、彼らは、教科書というメディアに、なぜ、どのようにはたらきかけたのか。そして他方に、保守論壇誌で一群の政治思想を牽引する人たちがいる。では、保守のメディアはどういった市場のなかで消費されているのか、そしてなぜ彼らはそこを主戦場とするに至ったのか。両者は連動している関係にある。それぞれどのような展開をしてきたのか検討していくことにしよう。

3　教科書をめぐる政治運動と右派メディア知識人

新しい歴史教科書をつくる会

「つくる会」は一九九六年十二月に設立され、その趣意書では「現行の歴史教科書は旧敵国のプロパガンダをそのまま事実として記述する」自虐的な史観に基づくものと断じている（一九九七年一月三十日)。また、「創設にあたっての声明」では、「この度検定を通過した七社の中学教科書の近現代史の記述は、日清・日露戦争までを単なるアジア侵略戦争として位置付けている。そればかりか、明治国家そのものを悪とし、日本の近現代史全体を、犯罪の歴史として断罪して筆を進めている。/例えば、証拠不十分のまま「従軍慰安婦」強制連行説をいっせいに採用したことも、こうした安易な自己悪逆史観のたどりついた一つの帰結だろう。とめどなき自国史喪失に押し流されている国民の志操の崩落の象徴的一例といわざるをえない」と批判している(一九九六年十二月二日)。この組織を設立した中心人物は、藤岡信勝(当時:東京大学教授)、西尾幹二(当時:東京電気通信大学教授)、髙橋史朗(明星大学教授)、小林よしのり(漫画家)などだった。

「つくる会」はその後自民党や財界と連携した右派組織となり、教育と教科書批判をして歴史認識を問う運動を推進していく。二〇〇〇年に編纂した歴史と公民の教科書をフジサンケイグループの扶桑社から出版し、文部省に検定申請した。同じ年、数多くの修正要請を経て検定に合格したが、この教科書は歴史認識の歪曲を指摘され、国内外から批判を浴びることになった。結果として、この教科書は公立中学校五百四十二の採択地域ではほとんど採用されず、東京都立と愛媛県立の障害児学校、同じ愛媛県の私立中学校が採用し、採択率は歴史〇・〇三%、公民〇・一%という結果になった。「採択率一〇%」を目指してリベンジを狙った二〇〇五年版でも、歴史〇・三九%、公民〇・一九%と低い採択率にとどまっている。

しかもこの年の採択失敗を受けて、翌二〇〇六年一月の「つくる会」の理事会で内紛が起き、会長だった八木秀次のグループが離反し、同じ年の十月二十二日に日本教育再生機構を正式発足させた。そして、扶桑社の子会社で、〇七年にフジテレビによる資本金三億円の出資で作られた教科書事業を専門にしている育鵬社から教科書を出版した。この日本教育再生機構は、歴史教科書作成と教育分野を担う、日本会議の別動組織である。(17)

日本会議と教科書採択運動

一九九七年に設立された日本会議は、個人会員約三万五千人といわれ、全国四十七都道府県本部二百二十八支部を抱える組織である。現在の会長は田久保忠衛（杏林大学名誉教授）であり、事務局は六〇年代の宗教団体・生長の家のOB学生運動(18)をルーツにもつ日本青年協議会（椛島有三会長）が担っている。特筆すべき点は、研究者、元司法関係者、財界人、著名文化人が会員であるだけではなく、神社本庁をはじめとする数多くの宗教団体が関与していることである。(19)とりわけ、新宗教の参加が目立つ。それらは「宗教右派」的な性格をもつ教団と言われている。この組織の議員連盟である日本会議国会議員連絡会には、衆議院・参議院議員合計二百八十一人のうち自由民主党から二百四十七人が在籍する。自民党所属の国会議員の半数を超えた数である。また、安倍内閣の二十人の大臣のうち十三人が所属している（第三次安倍晋三内閣、二〇一六年五月時点）。そのため、現政権との非常に強い結び付きが何度も指摘されている。(20)

日本会議は、そもそも「日本を守る会」と「日本を守る国民会議」の合同で出来上がった「結晶」である（設立趣意書(21)）。その目的は、元号法制化運動（一九七九年）をはじめとした運動の成果を継承することにある。この運動の成果は、一九六六年の建国記念日審議会の設置、六七年二月十一日の「建国記念の日」の制定として実現した。戦前に「紀元節」だった日が戦後に形を変えて現れたわけである。

では、日本会議は歴史否定・歴史修正の主張をどのようにして広めようとしたのだろうか。それは「つくる会」同様に、「歴史教科書」採択運動にほかならない。教科書という媒体が思想の普及に効果的であるのは、流通という点からも妥当だろう。現在の中学生人口が二〇一六年度で三百万人強にものぼり、少子化の現在でもなお、教科書はたとえシェア一〇%でも三十万部の書籍ベストセラーに匹敵するメディア市場である。またほかのメディアのように、人々が自身の意思で手に取る媒体とは異なり、教育機関から受動的に受け取るものという点がある。

教科書採択運動は、具体的にはどのようにしておこなわれているのだろうか。日本会議の前身である「日本を守る国民会議」は教科書問題懇話会を開催し、独自の教科書作りに着手する。一九八五年には原書房を通じて高校生用の教科書『新編日本史』の検定を申請するが、多くの修正を余儀なくされた。現在この教科書は『最新日本史』として明成社が出版しているが、採択数は四千冊前後と言われ、ほとんど流通していない。高校教科書の場合、採択権限は実質的に学校ごとにあり、現場教員の意思が反映されうるためである。[22] この行き詰まりへの突破を図ったのが、「つくる会」の扶桑社の中学生用教科書『新しい歴史教科書』『新しい公民教科書』だった（が、失敗した）。中学校は、（主として）地方自治体の教育委員会の管理下にある。そのために、政治的なはたらきかけが採択数を左右する。

他方、草の根保守運動の手法を用いて教育委員会にはたらきかけた育鵬社教科書（『新編新しい日本の歴史』『新編新しいみんなの公民』）は、歴史三・七％、公民四％（二〇一一年）、歴史六・三％、公民五・七％（二〇一五年）と市場占有率を伸ばしている。例えば東大阪市では、市長の野田義和が日本会議中河内支部の票と引き換えに育鵬社の教科書採択に動いた。その手法は、教科書選定委員会の「保護者」枠を「保護者等」に規定変更し、日本会議関係者を入れるというものだった（ここに排外主義運動も加勢していた）。大阪市もまた、同様の手法を採る。おおさか維新の会の橋下徹が市長になると、教育委員六人を任期が切れるごとに変えていき、総入れ替えを図るが、二〇一五年に任期が切れる高尾元久委員だけは留任させている。高尾は産経新聞社の元取締役であり、育鵬社の教科書を印刷しているサンケイ総合印刷の専務取締役を務めていた人物である。さらに、日本教育再生機構の機関誌「教育再生」に二〇一二年以降繰り返し登場していることからも、育鵬社教科書の支持者であることがうかがえる[23]。

以上のように、日本会議の歴史修正主義的な歴史認識をめぐる運動は、教育部門とりわけ教科書というメディアで展開されている。注意しておきたいのは、こうした思想的な思惑と連動した教科書採択の運動に、フジサンケイグループが関与している点である。教科書採択のためのキャンペーンを同時に展開している産経新聞社、「正論」、育鵬社、扶桑社は、みなフジサンケイグループである。同社の関与が、これまでの教科書編纂・出版の形式に決定的な異なりをもたらした点は、第一に、教科書を事業の中心に置く出版社ではなく、商業メディアの会社を発行元とした点、第二に、教育指針を決定する教科書採択という場に「政治」を持ち込み、さらに利権を絡ませた点である。すなわち歴史修正主義の運動には、いまやメディア市場の動向や需要が密接に関係しているのである。次節からは、メディア市場の状況を追ってみよう。

4　歴史修正主義をめぐるメディア市場

歴史修正主義とメディア

先に例に挙げた教科書運動を主導する保守・右派の「メディア知識人」は、メディア市場でも盛んに活動している。「つくる会」が発足した一九九六年末、歴史認識を問い直す書籍が軒並みベストセラーになっている。九五年十二月から九八年八月までの「産経新聞」での連載をまとめた藤岡信勝の『教科書が教えない歴史』[24]は、シリーズ全体で百二十万部を超えるベストセラーになり、九九年に出版された西尾幹二の『国民の歴史』も、七十万部を超えて二〇〇〇年のベストセラーにランクインしている。

書籍メディアでの歴史修正主義の興隆は数字に顕著に表れている。笠原十九司が整理した書籍リストを参照すれば、一九六三年から二〇〇七年までに南京事件を史実とする図書八十七冊に対して、否定する図書は四十一冊だった。しかし、一九九五年から二〇〇〇年までに、三十二冊対三十一冊、二〇〇〇年から〇七年では、十二冊対二十一冊と否定派の図書数が上回っていくことがわかる。笠原によれば、「南京事件」の歴史的事実をめぐる学術的評価は一九九〇年代初頭までにケリがついている[25]。しかしながら、一般流通書籍ではエビデンス抜きの否定説が繰り返し発刊されているのである。

「諸君！」「正論」「WiLL」「Voice」、「SAPIO」（小学館）、「産経新聞」など保守メディアや展転社といった右派系出版社は、二〇〇〇年以降も執拗に否定論を出版し続ける。

他方で、「慰安婦」問題については異なる結果が出る。筆者が国会図書館のデータベースで一九五〇年からの出版数をカウントしたところ、「慰安婦」問題の「ウソ」「虚報」などとして、吉田清治の証言を訂正した「朝日新聞」に対して巻き起こった二〇一四年のバッシングキャンペーン時には二十一点の書籍が発刊されている。しかしこの年を除いて「否定派」の書籍が「慰安婦」問題を史実とする歴史書・調査書や国際法を検討する書籍の出版点数を上回る年は一度もない。それどころか、「否定派」の発刊は例年ほぼゼロに近い。これを見るかぎり「慰安婦」問題での「否定派」は、第一に「対朝日新聞」にだけ反応したこと、第二に書籍を主媒体として展開されなかったことがわかる。ここから次のように推察することができる。すなわち、「慰安婦」問題で「否定派」は、「朝日新聞」に対する強いこだわりのもと、一般書籍ではなく雑誌などの媒体でその主張を展開させたのではないか。なぜなら、歴史修正主義者は「左派的」あるいは「学術的」な出版社とは距離をとっていて、雑誌などの消費しやすい媒体との親和性が高いことが指摘されているからである。実際に、管見のかぎりではあるが、いわゆる学術出版社から否定派の書籍が出た事例は一件も確認できなかった。

さらに、次のように問おう。歴史修正主義者は、その思想の普及のために「どのようにメディアにはたらきかけたか」。答えは、「バックラッシュ」あるいは「逆張り」という戦略的手法の採用である。彼らの主張の形式は、「朝日批判」「教科書批判」「日教組批判」「反日批判」など、「既存勢力」と彼らが見なすものへの「反対運動」の形を示している。それは日本会議の手法と同様である。

しかしながら、彼らの認識のなかでは、メディアに直接的にはたらきかけているというよりも、「やっとメディアが動いた」という印象をもっているようである。例えば、「つくる会」の藤岡信勝は、同会を発足したことによって、ようやく「産経新聞」以外のメディアが動きだし、「総合雑誌レベルにおいて完全に論壇のメイン・テーマとなったのである。国民的議論の論題となったのである」と喜んでいる。そして、なぜメディアが動かなかったのか、という理由について藤岡は「慰安婦強制連行問題」と直結しているからふれづらい問題だと考えている。[26] 彼の述懐からは、当初メディア市場は動かし難いものとして認識していたことがうかがえる。

だが、同時に注目したいのは歴史修正主義の言説が売れる「商品」になった点である。論壇誌一つとっても、一九九〇年代中盤以降の「正論」「諸君!」は、朝日新聞社のオピニオン誌「論座」と比較したところ、ダブルスコアの売り上げを示している（とはいえ最盛期に十五万部程度だが）。特に「正論」はまさに歴史修正主義が勃興する九〇年代後半から二〇〇〇年前後の大島信三編集長時代に、同誌史上最高の販売部数を記録している。また、小林よしのりが『新・ゴーマニズム宣言』を連載した「SAPIO」も二十万部ほどの売り上げで推移していた（これらは第3章と第4章で詳述）。

保守言説の「商品」化の背景には、メディア市場の経済的な事情が影響している。「産経新聞」はたびたび経営難に陥っていて、一九九七年にフジテレビが上場するといよいよ資金援助を受け難い状態となった。二〇〇二年には夕刊を廃止し、その後も赤字決算の計上によってリストラを実行している。フジサンケイグループが「歴史問題」の積極的なキャンペーンを開始したのは、まさにこの経営不振の最中、一九九七年である。そして、他紙に比して極端に右派寄りの紙面を展開していく。その結果、斜陽産業と言われ、他紙が軒並み発行部数を落とすなか、現状維持したのは「産経新聞」だけだった（とはいえ百六十万部弱で全国紙としては最下位、「読売新聞」の五分の一程度である）。

さらに、保守の商品言説のメディア展開は、論壇・新聞にとどまらない。前述の小林の『ゴーマニズム宣言』シリーズは各巻二十万部前後の売れ行きを示し、月間ランキングにもランクインした。またスピンオフ作品『戦争論』(27)は五十万部のヒットとなり、一九九八年の年間ベストセラー十一位になっている。また山野車輪の『嫌韓流』は二〇〇五年の「Amazon」総合ランキング一位になり、シリーズ累計百万部を超える歴史修正・排外主義マンガとなっている。

インターネットとサブカルチャー

インターネットの動向はどうか。一時期、インターネットのニュースメディアはフジサンケイグループであふれていた。正確に計量することはできないが、「産経新聞」「夕刊フジ」「サンケイスポーツ」の記事が比較的多くネット上に流通しているのは、産経新聞社が経営不振からいち早く記事の無料公開に踏み切ったことによる。特に、二〇〇七年にマイクロソフトと提携してニュースをユーザーに無料で読めるようにしたことは話題を集めた（二〇一四年まで実施）。翌〇八年にはiPhone向けのスマートフォンアプリを無料で公開した（二〇一六年に有料化）。ほかの新聞社が

webサービスを一部有料にし、紙媒体の購読料から得られる利益を守る方針で運営したのに対し、産経はニュース記事を公開することでインターネットの特徴である無料コンテンツ文化に適応していった。こうした市場の力学の結果、ネットニュースという言説空間でのフジサンケイグループの発信力・占有力は、いまなお一定の割合で保たれている。また、〇四年に「日本の伝統文化の復興と保持を目指し日本人本来の「心」を取り戻すべく設立された日本最初の歴史文化衛星放送局」として、日本文化チャンネル桜（代表：水島総）がCSデジタル放送のスカパーで開局した。〇七年に経営難で閉局するも、現在も「YouTube」や「ニコニコ動画」に媒体を移してネット配信している。例えば、日本文化チャンネル桜にも出演していた在特会の元会長である桜井誠は、街頭活動や演説の様子を「YouTube」や「ニコニコ動画」に投稿し、視聴者を得ることで、主張の発信力を高めた。このように、既存のメディアに対するオルタナティブ・メディアを利用した活動はいまなお盛んにおこなわれている。

以上のインターネットの動向は、現在新しい言説の循環構造を形成している。

「JAPANISM」（青林堂）という雑誌をご存じだろうか。二〇一一年に創刊された「オピニオン雑誌」である。一七年三月現在の最新刊である第三十五号は、「Amazon」の「政治>日本の政治カテゴリー」で第六位にランクインしている（青林堂からはおよそ五万部の発行部数という回答だった）。同誌は、タイトルの訳語「日本主義」からもわかるように、愛国保守あるいは右翼思想を反映したオピニオン雑誌である。しかし、注目したいのは同誌の内容ではない。

興味深いのは、「JAPANISM」の出版社である。同誌の発行元は、一九六四年に創刊され、白土三平、水木しげる、つげ義春などの活躍の場となった伝説の月刊コミック誌「ガロ」を作っていた青林堂である。九六年に創業者の長井勝一が死去したのち、蟹江幹彦が社長になって、編集者が総入れ替えになった。なぜサブカルチャー系マンガ出版社だった同社が、保守論壇のような雑誌を出すに至ったのだろうか。蟹江は、保守系書籍に路線を切り替えた理由を「経営上の問題」とし、「「保守本」がニッチ（隙間）市場で売れるようになっていた。拡大していくと思った[28]」と語っている。同社は社員四人で九千万円の売り上げ実績（二〇一五年五月期。東京商工リサーチ）があり、実質この手の「保守本」が収益の核になっているのがうかがえる。

また、この雑誌の書き手にも注目したい。これまでに数多くの執筆者が寄稿していて、西尾幹二のような保守論壇の書き手や、安倍晋三といった政治家など、「大物」も名前を連ねている。他方で、桜井誠、古谷ツネヒラ、一色正春、テキサス親父（トニー・マラーノ）、KAZUYA などのインターネット上で有名になった書き手も目立つ。彼らは、蔑称で「ネット右翼（ネトウヨ）」と呼ばれていた人たちであり、これまで論壇にはあがってくることがなかった人材である。桜井や古谷のような元ブロガー、テキサス親父や KAZUYA のような YouTuber といったアンダーグラウンドの論者たちが、現在「保守本」の担い手となっているのである。さらに同社は、はすみとしこのイラスト集『そうだ難民しよう！[29]』、千葉麗子のエッセー『さよならパヨク[30]』（三万部）、岡田壱花作・富田安紀子画のマンガ『日之丸街宣女子[31]』（二巻まで合計七万部）などの女性作家の作品を相次いで出版している。執筆者のラインナップを見れば、これまでの「論壇」や「オピニオン雑誌」の寄稿者である、（論壇で展開する内容がアマチュアリズムであれ）学識経験者やジャーナリストや政治家といった人たちとはやはり傾向が異なることがわかる。そしてこれらの書籍は、各カテゴリーのランキング上位に位置付き、売り上げを伸ばしている。

政治言説の「商品化」

これまでに見てきた保守言説の流通をめぐる現象から何を読み取ることができるだろうか。第一に、歴史や政治に関わる言説が、「ニッチ市場」で売れる「商品」として扱われ始めたという側面は重要である。すなわち、歴史認識や政治的主張であっても、ほかの言説と同様に市場原理のもとに置かれ、正当性や意義といった観点からではなく、経済的な採算可能性のうえでその価値が判断される時代になった。このことは、各社の論壇誌が親会社からの赤字補塡を受けて運営されていたという事情とは一線を画す、新しい潮流として位置付けることができるだろう。第二に、歴史修正主義による言説は、インターネットが普及する少し前の時期（一九九〇―九七年頃）までにメディア市場で注目されていて、一定の売り上げを作っていった。第三に、市場が形成されたことで、専門家ではなく消費者の評価が鍵となった。歴史や政治という専門家の領域だった言説空間に、消費者がその可否を判断する裁定者として参入してきたのだ。ここにある種の「アマチュアリズム」が醸成される。(32)

最後のポイントは、保守論壇に見られる特徴であるかもしれない。『産経新聞』は、藤岡信勝の自由主義史観研究会を「専門家ではない著者が、自分は単に真実を知りたいだけという素人としてのすなおな疑問を前面に出し、南京虐殺や東京裁判史観の従来の通説の不合理な側面を問い糺している」としてその姿勢を評価している（一九九六年五月二十一日付）。その藤岡自身もまた「専門家の時代は去った」と喝破している。[33] ここからは、社会学者の小熊英二が指摘するように、素人でもって専門家やエリートを論破することの高揚感を読み取ることができる。[34] そして、こうした素朴な違和感の発露に、保守ナショナリストや右翼政治団体が賛同していった。その過程で批判などを浴びながら、「歴史を語るうえでの確固たる自前の言葉を持っていなかった彼らは、急速に従来の保守派に接近し、「保守の言葉」をつぎあわせて自己の主張を固めていった。皮肉にも彼らは、批判のまなざしを浴びるなかで、まなざされるとおりの存在、すなわちまなざす側が想定したとおりの存在となっていった」[35]（傍点は原文）と述べる小熊の指摘は、正鵠を射たものである。

アマチュアリズムと保守ビジネス

一九九〇年代の保守系のメディア市場の特徴は、「アマチュアリズム」の先鋭化にある。先に述べたように、保守論壇で活躍するメディア知識人は、自身の専門から離れた、いわばアマチュアの論者である。本来「アマチュア」はプロよりも劣った存在という意味合いをもつが、彼らは「洗練されたアマチュア」とでも呼べるような存在として権威をまとって君臨している。字義どおりの意味では、プロでもアマチュアでもない。読者の意向を専門家のように論じる、両者を媒介する存在なのだ。いわば読者というアマチュアと、専門家というプロの間を埋める「メディア」（！）の役割を果たしている。

そして、彼らを存立させているのは、これまでに述べてきたメディアのプラットフォームである。

消費者に「ウケる」「売れる」といった市場の原理が保守論壇での「アマチュアリズム」の土壌となっていることは先に指摘した。そこにインターネットが登場し、ソフトウェア、動画共有サイトを含むソーシャルメディアといった新しいメディア・プラットフォーム、新しい表現空間が普及したことで、誰しもがアマチュアとして資格を得て、言論に参加し、拡散し、イデオロギー闘争に参加していくことが可能になった。

市場と連動する保守の活動は「保守ビジネス」「愛国ビジネス」と呼ばれている。「毎日新聞」編集委員の伊藤智永は、明治天皇の玄孫である竹田恒泰（彼も学問上の専門を有していないアマチュアである）が開催している竹田研究会の受講生で、「保守ビジネス」で起業した二人にインタビューを実施し、彼らの実態を次のようにまとめている。

「保守ビジネス」を起業した男性二人に取材した。話を総合すると――。
「セミナー屋だね。会費三千円で一回二十五人も集まれば成り立つ。あとはネット塾。私は月千円で約千四百人に歴史や時事問題で面白い言論を配信している。毎月定期的に百四十万円。売れっ子のKさんは月五千円、Mさんは月三千円で常時千人以上。やめられないよ。運動なんかしない、商売だもの。自己啓発とか異業種交流とか似たモデルは他にもあった。一九九〇年代末から保守が売り物として成立するようになった[36]」

保守の言論は、いまや「アマチュアの売り物」である。歴史修正主義言説はその先鞭だったのではないか。

おわりに

本章で検討したことを簡潔にまとめておく。

歴史修正主義による歴史の扱いは、事実性や客観性を担保としないため、イデオロギー闘争が前景化する。また、「陰謀論」に依拠して「演繹」するため、内部整合性を維持するための論理の組み立てとなる（その演繹に合わない情報は、積極的に捨象される）。そして、その論理は枠組みを共有する者たちの間で強化徹底されるが、枠組みを共有しない者とはコミュニケーションをとることを難しくする。

また歴史修正主義は、アマチュアであるメディア知識人によって牽引され、教科書というメディアを通して普及させる運動が右派・保守団体を中心に展開されている。同時に、メディア市場を利用して「売れる商品」として流通させることで、言説をサーキュレートさせていく仕組みが存在している。

さて、本章の最後に、再度本書の問いに立ち返っておきたい。すなわち、歴史修正主義の知性のあり方を成立させている形式はなにか。彼らが共有している知的なものをめぐるコミュニケーションのあり方はどのようにして成立するのか。そして、その知に形式を与えるメディアはどのように関与するのか。実は、本章で明らかにした歴史修正主義とメディアをめぐる現状に、すでにすべてのキーワードが登場している。「アマチュアリズム」「論戦」「自己啓発」「ビジネス（市場）」「雑誌」「マンガ」「参加」などがそれである。

次章以降では、これらの疑問に具体的な分析を施しながら取り組んでいく。これまでの研究で扱われてこなかったのはメディアの仕組みと参加を促すポリティクスの分析である。そこで、次章では「ディベート」を取り上げる。「つくる会」の藤岡信勝が自身の教育改革論のなかでディベートの実践を提唱した。しかし歴史をディベートするとは一体なにを意味しているのだろうか。まずは「アマチュアリズム」時代の認識枠組みから検討したい。そして一見関係ないように見える「自己啓発」「マニュアル本」というキーワードがどのようにして「合流」していくのか、その様相も追っていくことにしよう。

注

（1）西尾幹二、新しい歴史教科書をつくる会編『国民の歴史』産経新聞ニュースサービス、一九九九年

（2）坂本多加雄『歴史教育を考える――日本人は歴史を取り戻せるか』（ＰＨＰ新書）、ＰＨＰ研究所、一九九八年、六二ページ

（3）高橋哲哉編『〈歴史認識〉論争』（「思想読本――知の攻略」第七巻）、作品社、二〇〇二年、三ページ

（4）渡部昇一「「ゆがんだ近代史」再構築の提言」「正論」一九九六年十月号、産経新聞社、五八ページ

（5）平野直子（平野直子「現代「保守」言説における救済の物語」「シノドス」二〇一六年七月十一日〔http://synodos.jp/society/17157〕［二〇一七年八月三十一日アクセス］）の指摘のように、政界にも歴史修正主義の「枠組」みを共有する動きは存在する。現在の状況に最も直結するもので言えば、一九九三年に発足した歴史・検討委員会がそれにあたる。とりわけ奥野誠亮衆議院議員（当時）は、安倍晋三ら若手議員に歴史認識を受け継がせた。安倍は「戦後五十年国会決議」での「戦争謝罪決議」に反対する集会や署名運動を展開する右派勢力の活動を支援する議連・終戦五十周年国会議員連盟（一九九四年設立）の事務局長代理に議員一年目ながら抜擢される。周知のように安倍は、九七年に「日本の前途と歴史教育を考える議員の会」を発足させたメンバーの中心人物であり、事務局長を務めた。こうした「英才教育」を受けて、若手議員のリーダー格になっていく（俵義文『日本会議の全貌――知られざる巨大組織の実態』花伝社、二〇一六年、三二ページ）。

（6）田母神はアメリカについても次のように言及している。「実はアメリカもコミンテルンに動かされて」いて、「フランクリン・ルーズベルト政権のなかには三百人のコミンテルンのスパイが」いて、ハル・ノートを書いた財務次官ハリー・ホワイトもその一人であり、「モーゲンソー財務長官を通じてルーズベルト大統領を動かし、我が国を日米戦争に追い込んでい」った（田母神俊雄「日本は侵略国家であったのか」〔http://ronbun.apa.co.jp/images/pdf/2008jyusyou_saiyuusyu.pdf〕［二〇一七年八月三十一日アクセス］）。しかし、これらはいずれも事実認識が誤っているか、根拠が怪しい（秦郁彦『陰謀史観』〔新潮新書〕、新潮社、二〇一二年、第四章参照）。また、論理に飛躍がある。にもかかわらず、保守論壇や日本会議関連の著者や政治家は、この論文を称賛した。

（7）江藤淳『閉された言語空間』（文春文庫）、文藝春秋、一九八九年。初出は、「閉ざされた言語空間

――占領軍の検閲と戦後日本」「諸君！」一九八二年二月―八六年二月号、文藝春秋

(8) 髙橋史朗『日本が二度と立ち上がれないようにアメリカが占領期に行ったこと――こうして日本人は国を愛せなくなった』致知出版社、二〇一四年

(9) 能川元一「「反米」か？「東京裁判史観」批判の荒唐無稽 幼稚な陰謀論と歴史修正主義」「金曜日」二〇一六年五月二十七日号、金曜日、一九ページ

「占領政策支配」陰謀説はほかにもある。同様にアパ・グループの懸賞論文第七回で受賞した杉田水脈は、占領期ＧＨＱ（連合国軍総司令部）が作った「プレスコードのために、日本は南京大虐殺や従軍慰安婦問題で、毅然とした態度がいまだ取れず」「韓国や中国への非難ができないのは、プレスコードで「朝鮮人への批判」「中国への批判」が禁じられているからなのは明白」であり、「プレスコードがなければ、南京も慰安婦も徹底的に否定できたはず」と差別感情丸出しで記述する（杉田水脈「慰安婦問題とその根底にある報道の異常性」〔http://ronbun.apa.co.jp/book_ronbun/vol7/japan.html〕［二〇一七年八月三十一日アクセス］）。こちらもＷＧＩＰだけでなんでも説明できる陰謀無敵最強論法である。もちろん、プレスコードなど国家独立と同時に廃止されている。これらは一見、「反米」に見えるが、おそらく「コミンテルンに動かされたアメリカ」がおこなったことなので、悪いのは「コミンテルン」「共産勢力」であり、「左翼」であるという説明さえ可能にする。そのように外敵を作ることによって、「被害者」としての「マジョリティ」という自己規定が採用されることになる（山崎望編『奇妙なナショナリズムの時代――排外主義に抗して』岩波書店、二〇一五年、一二ページ、能川元一「「歴史戦」の誕生と展開」、山口智美／能川元一／テッサ・モーリス－スズキ／小山エミ『海を渡る「慰安婦」問題――右派の「歴史戦」を問う』所収、岩波書店、二〇一六年、二五ページ）。

(10) 歴史修正主義の手法は「疑似科学」「ニセ科学」とうり二つであることが数多く指摘されている。例えば、科学ジャーナリストのマイクル・シャーマーの、ホロコースト否定論への言及や（マイクル・シャーマー『なぜ人はニセ科学を信じるのか』Ⅰ・Ⅱ、岡田靖史訳〔ハヤカワ文庫〕、早川書房、二〇〇三年）、セス・C・カリッチマンのエイズ否認主義の手法（セス・C・カリッチマン『エイズを弄ぶ人々――疑似科学と陰謀説が招いた人類の悲劇』野中香方子訳、化学同人、二〇一一年）がその典型例と言える。すなわち、確固たる証拠も妥当性もなく、検証不可能なものをイデオロギー優先で提示する方法である。その結果、「いいとこ取り」「単独研究の過ちへのこだわり」「特定の時期の研究だけを批判」などイデオロギーのためならあらゆる手法を使って否定する。

(11) 外務省「歴史問題Q＆A」(http://www.mofa.go.jp/mofaj/area/taisen/qa/)［二〇一七年八月三十一日アクセス］参照

(12) 前掲『日本型排外主義』一五〇―一五二ページ

(13)「magazineplus」とは、日外アソシエーツが提供する一般誌から専門誌、大学紀要、海外誌紙まで収録した日本最大規模の雑誌・論文情報（見出し）データベースのことである。多くの記事見出しを検索できることが魅力だが、すべての雑誌記事をカバーできるわけではない点に注意したい。

(14) 右派・保守論壇では、二〇一三年から「歴史戦争」と題して特集紙面を組んでいる。それと同時に、戦後七十年を迎えた一五年は、安倍晋三総理による「戦後七十年談話」に対する期待があり、この時期に論壇で「歴史」が大量に扱われた。渡部昇一は、安倍談話について、「あの戦争には何ら関わりのない、私たちの子や孫、そしてその先の世代の子どもたちに、謝罪を続ける宿命を背負わせてはなりません」という発言を非常に高く評価している（渡部昇一「東京裁判史観を突破した「縦の民主主義」の歴史力」「正論」二〇一五年十月号、産経新聞社、六四ページ）。しかし、戦争に関わっていない主体には謝罪をする必要がないとする態度こそ、まさに歴史修正主義である。

(15) 竹内洋『教養主義の没落――変わりゆくエリート学生文化』(中公新書)、中央公論新社、二〇〇三年、二二九―二三〇ページ

(16) 前掲『日本政治とメディア』一六八―一九八ページ

(17) 日本教育再生機構の八木秀次は「安倍氏周辺の感触はいい」と語り「草の根運動が政権を動かし、教育再生につなげたい」と述べるなど、直接的関与をにおわせる発言を多々おこなっている。このことから、当機構と政権の関わりが示唆される(「産経新聞」二〇〇六年九月二十二日付)。
また、この「内紛」にも日本会議が関わっている。「つくる会」の中心人物だった西尾幹二は、新田均、松浦光修、勝岡寛次、そして内田智や宮崎正治ら日本会議と関係のある人物が入ってきて、保守運動を壟断したと当時語っている(西尾幹二/平田文昭『保守の怒り――天皇、戦争、国家の行方』草思社、二〇〇九年、二六三ページ)。結果として、「つくる会」は扶桑社との契約を打ち切り、(西尾のコネクションもあってか)右派知識人の雑誌「自由」を発刊する自由社が「つくる会」の教科書を出すことになる(ただし、発足当初の自由社は「教科書無償措置法」に沿った文部科学省「教科書制度の概要」「9．発行者の指定制度」の要件を満たしていない)。

(18) 一九三〇年に谷口雅春が大本教をルーツとして創設した「生長の家」は、戦前戦中に「皇軍必勝」を掲げた右翼宗教団体である。非常に愛国心が強い宗教団体であった。戦後「生長の家」は、戦争根絶、反共、帝国憲法への復元などを掲げて政治活動を展開した。六四年に、政治団体「生長の家政治連合」(生政連)を結成、六五年の参院選で玉置和郎を当選させる。しかし、八三年に優生保護法をめぐって自民党と対立し、生政連は政治から撤退し、以後「生長の家」自体は政治とは距離を置いている。

戦後の「生長の家」の政治活動の特徴は、「新右翼」と呼ばれる学生運動派生の思潮にある。一九六六年十一月四日、早稲田大学に新民族主義を目指す右翼学生組織である日本学生同盟（日学同）が誕生する。六〇年代後半の学園紛争は、新しい右翼学生組織を生んだ。当時は左翼学生運動へのアンチテーゼという性格が強く、彼らの敵は全日本学生自治会総連合（全学連）だった。右翼学生組織は、七〇年闘争への準備を進めたが、既存右翼との一線を画すことを目標に理論武装・理論構築をし、戦後体制を「ヤルタ・ポツダム体制（ＹＰ体制）」と呼んでそこからの脱却を主張する。この組織は、ＹＰ体制を、米ソ二大国による戦後世界の分割支配（ヤルタ体制）と、その日本版である反天皇・反民族・反国家的戦後状況（ポツダム体制）と規定し、憲法改正、自主防衛、領土回復、民族自決、国家の自主独立を訴えた。そして、民族を重視する「民族派」という呼称を自らに採用していた（堀幸雄『戦後の右翼勢力』勁草書房、一九八三年、六八ページ）。

もう一つこの新右翼をリードしたのが、生長の家の系統を引く全国学生自治体連絡協議会（全国学協）だった。全国学協も学園紛争から生まれた新右翼と言える。一九六九年五月、鈴木邦男（早大。のちの一水会創設者）を委員長に結成された。組織方針は、自治会候補者を輩出し、自治会を傘下に収める学協運動の形を採用した。この運動の中核になったのは生長の家学生会全国総連合（生学連）であり、全国学協もまた生長の家の影響を受けたことになる。鈴木が委員長である点も生長の家学生会に所属していたことと非常に深く関係している。全国学協のイデオロギーは、生長の家・谷口雅春の思想を引き継いでいることから、非常に復古的なものである。彼らの思想は、天皇を中核とする民族であるとした皇国史観を中心としている。彼らにとって占領憲法の打倒とは、明治憲法復活である。ただし、日学同と共通しているのは、ＹＰ体制打倒、核防条約粉砕、北方領土返還、平和憲法否定、自主防衛という考え方である。

しかし、全国学協は日学同同様に一九六九年六月に早くも内紛を起こす。役員が交代し、七〇年七月には、生学連から離脱して独自路線へと移行することになる。他方で、OBたちが七〇年十一月三日に日本青年協議会を結成し、全国学協の指導部となった。日本青年協議会、生長の家は日本の右派運動で重要な位置付けにある。この学協運動の発端となったのは、六六年に日本社会主義青年同盟（社青同）を中心とする左翼組織が占拠し、授業の中断が相次いだ長崎大学の「正常化」運動だった。長崎大学右翼学生組織は教養部自治会を手中に収めたことから、その手法は全国に広がりを見せた。長崎大学の中心人物は、のちに日本青年協議会を結成する椛島有三である。日本青年協議会は現在、元号法制化運動「日本を守る会」と「日本を守る国民会議」が統合した日本会議の事務局を務めている。

(19) 日本会議の代表委員のうち、十八人（三八・三%）が宗教者・教団関係者である。具体的には、神社本庁、新生佛教教団、念法眞教、崇教真光、解脱会、熱田神宮、黒住教、佛所護念会、霊友会、比叡山延暦寺、靖国神社、明治神宮、オイスカインターナショナル、モラロジー研究所、大和教団、倫理研究所、キリストの幕屋などである（塚田穂高『宗教と政治の転轍点――保守合同と政教一致の宗教社会学』花伝社、二〇一五年、七三ページ）。

(20) 詳細は、ケネス・ルオフ『国民の天皇――戦後日本の民主主義と天皇制』（高橋紘監修、木村剛久／福島睦男訳〔岩波現代文庫〕、岩波書店、二〇〇九年）、山口智美／斉藤正美／荻上チキ『社会運動の戸惑い――フェミニズムの「失われた時代」と草の根保守運動』（勁草書房、二〇一二年）、前掲『宗教と政治の転轍点』、前掲『日本会議の研究』、俵義文『日本会議の全貌――知られざる巨大組織の実態』（花伝社、二〇一六年）、上杉聰『日本会議とは何か――「憲法改正」に突き進むカルト集団』（〔合同ブックレット〕、合同出版、二〇一六年）を参照。

日本会議の目的は大きく分けて、七つある。「天皇崇拝とその制度強化」「憲法改正の実現」「歴史認識」「愛国教育」「靖国神社護持」「人権」「領土・安全保障」ということになる。それぞれをごく簡略にパラフレーズすれば、次のようになる。皇室は国民統合の中心であるから、男系男子を保持すべきであり、女性（女系）天皇・女性宮家には反対である。憲法は天皇を元首とし、第九条の改定と緊急事態条項の新設、明治憲法復古、家族主義の徹底を目指す。大東亜戦争の意義を再度強調すべきであり、アジア解放戦争としてアジア諸国に貢献したという歴史認識の上に立つ。加えて、南京事件や「慰安婦」問題への国家関与や強制性を否定する。それと関連した教科書の作成の推奨、道徳教育の実施、国旗掲揚や国歌斉唱の指導の強化、ジェンダーフリー教育への反対。靖国神社に関しては、首相・天皇の公式参拝実現を求め、他方で厳格な政教分離に反対する。人権をめぐっては、家族の絆を最重視するために、家制度の保護を主張して夫婦別姓に反対し、また外国人参政権反対を訴える。最後に、領土や安全保障については安保法制を実現し、自衛隊の国防強化、尖閣・竹島・北方の領土領海を守る必要を説く。さらに外交上は、反共路線が濃厚であり、かつ拉致問題や尖閣・竹島問題、「慰安婦」問題など日中韓の政治課題には積極的に関与する一方、反米的な姿勢を見せることはあまりない。

(21)「日本を守る会」は、一九七四年四月に、「伝統精神」に立ち返り「愛国心」をもった国家を志向する趣旨で、鎌倉円覚寺貫主の朝比奈宗源（故人）が神道・仏教系の新宗教団体に呼びかけて結成した。発足当時は、明治神宮、浅草寺、臨済宗、佛所護念会、生長の家などの宗教団体が名を連ねていた。事務局を務めていたのは村上正邦元参議院議員である。彼は、生長の家職員から、議員秘書を経て、組織票を背景として自民党公認で出馬したが落選し、その後「日本を守る会」の事務局についた。この組織は七六年に昭和天皇在位五十年記奉祝行列を挙行した。

他方、「日本を守る国民会議」は一九七八年七月に結成された元号法制化実現国民会議を母体として改組し、財界人や文化人が中心となって八一年十月に発足された組織である。この組織の事務局は日本青年協議会であり、運動を支えたのは、生長の家、国際勝共連合（統一教会の政治組織）、神社本庁などの宗教右派である。憲法改正、愛国・伝統教育を重視する組織として設立された。

(22) 前掲『日本会議とは何か』六九ページ

(23) 同書八六―九一ページ

(24) 藤岡信勝／自由主義史観研究会『教科書が教えない歴史』産経新聞ニュースサービス、一九九六年

(25) 笠原十九司『南京事件論争史――日本人は史実をどう認識してきたか』（平凡社新書）、平凡社、二〇〇七年、二一三、二八五―二九二ページ

(26) 藤岡信勝「論争・近現代史教育の改革11「新しい歴史教育をつくる会」の発足――慰安婦強制連行虚構の証明4」「現代教育科学」一九九七年二月号、明治図書出版、一〇八ページ

(27) 小林よしのり『戦争論――新ゴーマニズム宣言special』幻冬舎、一九九八年

(28) 「東京新聞」二〇一五年一月十日付二十四面

(29) はすみとしこ『そうだ難民しよう！――はすみとしこの世界』青林堂、二〇一五年

(30) 千葉麗子『さよならパヨク――チバレイが見た左翼の実態』青林堂、二〇一六年

(31) 岡田壱花作、富田安紀子画『日之丸街宣女子』青林堂、二〇一五年―

(32) 社会学者の酒井隆史は、現代日本の「反知性主義」的な状況について、次のように述べる。「ある種の、「専門主義」によってだまらせる形態があれば、かたや、「アマチュアリズム」によってだまらせる形態があるわけであり、「知識人」という形式と地位のみのもたらす権威によって、異議申し立てを封じるといった「ポストモダン」？な事態がみられるのである」（酒井隆史「現代日本の「反・反知性主義」？」、「特集 反知性主義と向き合う」「現代思想」二〇一五年二月号、青土社、三三ペー

ジ)。酒井が指摘するように、「アマチュアであること」は、知識人を黙らせる唯一の対抗手段として戦略的に採用されている。

(33) 藤岡信勝『「近現代史」の授業改革』第四号(「社会科教育」一九九六年六月別冊)、明治図書出版、一九九六年、一二四ページ

(34) 小熊英二／上野陽子『〈癒し〉のナショナリズム――草の根保守運動の実証研究』慶應義塾大学出版会、二〇〇三年、一九ページ

(35) 同書二八ページ

(36) 伊藤智永「安倍首相を担いだ「保守ビジネス」――稲田防衛相　森友学園　田母神俊雄の交点」「サンデー毎日」二〇一七年四月二日号、毎日新聞出版、四〇ページ

第2章　「歴史」を「ディベート」する——教育学と自己啓発メディア

ある立場からはどれほど欺瞞と隠蔽と「無知」に充ちているようにみえようと、ネット上にあふれる排外主義、レイシズム、あらゆる差別の攻撃的な言語が、「出典」と「引用」をあげ、彼らの敵にもそれを要求する、ある種の「知的論戦」のような見かけをとることも見逃せない。こうした言説のうちには、「論破」への執拗なこだわりがみられ、いわゆる「反知性主義」につきものの知識人の存在そのもの、知性そのものへの懐疑をとることは少ない。極端にいえば、むしろどこにも知識人しかいなくて、だれもが賢くあることを競い合っているというのが、この現代日本の風景であるように思えてくるのだ。(1)

これは、社会学者・酒井隆史が書いた現代日本の知的風景である。多くの人に既視感がある記述ではないだろうか。前章で析出したように、インターネット上では、ある種の「アマチュアリズム」が偏在している。歴史修正主義もまた例外ではない。本章では彼らの「知的論戦」という「ゲーム」を取り上げよう。

歴史修正主義者の「知」の「ゲーム」はどのように構築され、また何によって形を得て、広く支持されてきたのか。本章では、それらを考えるために「ディベート」と「メディア文化」について論じる。第1章でも指摘した歴史修正主義のある種の「アマチュアリズム」のルーツをたどるために、日本の「ディベート文化」を振り返る。その結果得られる知見は、第一に「ディベート」という知のあり方が、（当時の社会状況と関係しながら）教育学と自己啓発メディアで同時に展開し、同様の構造をもっていること、第二にそれらが「歴史」をめぐって合流すること、第三に歴史修正主義者が討論ではなく「ディベート」を好むのは、たとえマイナーな説でも、二項対立のゲームではあらかじめ同等な対立項に設定されうる擬制があること、第四に「ディベート」がメディア文化として定着・普及していくときに、その実態が「論破マニュアル」に転じ、消費者の参加文化へとつながる道を開くこと、の四点である。そうして、相対的な現実を作り出す言説を強化するコミュニケーション様式が形成されていく様相を描き出す。

なぜ「ディベート」か？——本章の問題意識

歴史修正主義者の「やり口」については、第1章で記述したように内部整合性を保つための知的枠組みの伝達、陰謀論によるメタ理論の構築といった方法がある。この指摘について、先人の知恵を借りよう。

ジャック・ランシエールは、歴史を論じる際に採用されてきた「アナクロニズム」の拒否——現在の概念で歴史をまなざさない姿勢――が、修正主義にも適用されているという注意を促す。すなわち、修正主義者の「「従軍慰安婦」「性奴隷」などの言葉はなかった！」という言説や「「公娼制度」を根拠とした「慰安婦」の正当化は、歴史家が採用してきた理論と同形ではないか」、ということである。ただし、そのうえで、歴史修正主義は二種類の方法をとる。一つは「信じえぬものの存在は不可能」とする立場を極端にまで推し進める。つまり、出来事の否定である。そしてもう一つは、出来事は起こったが、よりメタな論理に回収して無効化するやり方である。(2)「「慰安婦」はいた、しかしそれは戦争や全体主義のなかで起こり、どこの国でもあった」というような、出来事の非－存在の状況を作る手法である。

社会科学のなかでも、歴史解釈をめぐっては、「物語の複数性」を提唱する議論がある。歴史は複数あり、それぞれの視点から多元的に作られているという主張は文化相対主義を加速させ、多様な立場からの歴史認識をめぐる政治を一方では促進させた。こうした立場は、文書資料中心主義を批判し、「慰安婦」などの戦争被害の当事者の証言を重視し、現在での主張可能性に依拠する。しかし、ここには「社会構築主義の罠」とでも呼べそうな逆説がある。それは、歴史が社会構築的な物語であるならば、翻って歴史修正主義もまた、事実・出来事を前提としない物語として等価に検討すべきであるという論理的帰結をもたらすという説である。(3)

以上のように、歴史認識そのものへのアポリアや修正主義がとりうる立場（とそれへの解決策）への理論的言及は数多くある。しかし、それは実際の歴史修正主義者の活動の実態や彼らの「知」の形式を説明する言語としてはやや「大きすぎる」のではないか。つまり、歴史修正主義者の実践に即して物事を捉えていないのではないか。さらに言うならば、それがどのように実践されるかという点は、文脈によって異なる。本書の関心は、その「内容」がどのような「形式」を伴って実践され、媒介・普及していくのか、というポリティクスの分析にある。そこで、本章以降三つの章では、実際に述べられた「内容」と同時に、その「形式」を分析していく。

現在の歴史修正主義運動に関わる潮流の一つに、「歴史」を「ディベート」するという思考方法がある。なぜ「ディベート」なのか。それは「つくる会」を設立した中心人物である教育学者・藤岡信勝が教育学での「歴史ディベート」の提唱者であることに起因する。藤岡は、一九九三年の「授業づくりネットワーク運動」の機関誌（藤岡が編集代表）で「教室ディベート」元年を宣言した。そして、九六年に全国教室ディベート連盟主催の「ディベート甲子園」（通産省・文部省後援、読売新聞共催）の理事長になっている。その一方で、九五年に自由主義史観研究会を設立する過程で、『歴史ディベート「大東亜戦争は自衛戦争であった」』[4]を出版したり、「産経新聞」で「教科書が教えない歴史」の連載（一九九五年十二月から九八年八月まで）をもったりした。周知のように藤岡は「つくる会」を設立し、歴史観と歴史教育、歴史教科書の見直しを提唱した人物である。藤岡自身は『汚辱の近現代史』のなかで、九一年から一年間アメリカに滞在したときに『東京裁判』[5]の著者リチャード・マイニアと出会って対談したことがきっかけで「自由主義史観」の日本での普及とディベートの導入を考えたと述べている。[6]

では、それらはどのような企図で始まり、どのような「知」の形式を提唱し、普及したのか。そして、その問題性はどこにあるのか。これらを検討したうえで、なぜ／どのようにして歴史修正主義と「ディベート」という「知」のあり方が結び付くのか、という点をメディア文化の視点を導入しながら考察する。

1 「自由主義史観」と「ディベート」

自由主義史観とディベートの接点

「ディベート」はどのような企図でもって始められたのか。藤岡信勝は教育での「ディベート」の必要性を次のように語っている。

> 今、なぜディベートなのか。(略)それは、一口で言えば、日本社会が「議論の文化」を必要とする時代にさしかかっているということである。米ソ冷戦構造の崩壊は、日本がアメリカのいいなりに従っておれば大禍なく過ごせた時代が終わったことを意味する。日本は国際社会の中で、みずからの立場を明示し、世界の安定・平和・繁栄をめざしてリーダーシップをとることが求められている。(7)

すなわち、「米ソ冷戦構造の崩壊」が既存の政治的・経済的・軍事的・知的秩序の問い直しを迫ったことが最大の原因とされる。とりわけ、藤岡は「湾岸戦争」の勃発が「それ以前の私自身のものの見方・考え方を根底から揺るがす衝撃的な事件」[8]と述べていることからも、米ソ冷戦構造の崩壊が思考の転換を促したことは容易に想像できる。

しかし、差し迫った国際情勢による新しい自国認識の要請が、なぜ過去の「歴史」の点検へと向かうのか。この点を考えるために藤岡の歴史への提言を簡単に振り返っておく必要がある。藤岡の近現代史教育に関する違和感は非常に「素朴」である。例えば、彼は「南京事件」も「虐殺」も否定しないが、その「死者数」については論争があり、それが教科書には反映されていないことを指摘する。「より真実に近い数字を知りたいだけ」[9]とも述べている。この発想自体は一般的にはフェアな態度と評されるだろう。歴史は常に新しい資料のもとで精査され見直されるべきであり、それらは歴史教科書に反映されてきた。

しかし、藤岡はこうした「南京事件」の「数」が見直されない原因は、「東京裁判史観」による戦後日本人への「洗脳」工作の成功にあるとする。[10]さらには、明治維新の「革命的意義」が暗く語られるのは「マルクス主義史観（あるいはコミンテルン史観）」によるものであるとし、これらはアメリカとソ連の国家利益に基づく史観であり、「東京裁判＝コミンテルン史観」という誤った歴史像こそが近現代史全体を暗黒に描き出していると指摘する。[11]そして、自虐的な歴史観を作るイデオロギーから自由な「自由主義史観」を提唱するのは、「冷戦構造」が崩壊したにもかかわらず、米ソの国家利益に基づくイデオロギーを汲む歴史観を日本の歴史教育のメインストリームに置くのはよくない、という主張からである。これは藤岡の歴史観・歴史教育のあり方への疑問をそのまま反映した格好になっている。[12]さらに藤岡は、①健康なナショナリズム、②リアリズム、③イデオロギー不信、④官僚主義批判の四特性をもつ「司馬史観」を第三の歴史観（＝自由主義史観）として肯定的に見直すことを提唱していく(13)。

藤岡の主張の各論への批判はすでに数多くあるので(14)、根本的な矛盾の指摘にとどめておこう。藤岡の矛盾とは、藤岡が言うところの米ソの「イデオロギー」に基づく史観への批判に対するオルタナティブとして「司馬史観」を持ち出すことによってナショナルなイデオロギーに回収されるという、イデオロギー批判の矛盾である。とはいえ、少なくとも事実として確認できるのは、藤岡が「米ソ冷戦構造崩壊」をきっかけに歴史教育の見直し、教育ディベートの普及を提唱した点である。

「ディベート」する社会

藤岡だけが「ディベート」を普及させたのか。そうではない。試みにディベートに関連する書籍をカウントしてみた。選定方法は、国会図書館、「HonyaClub」で「ディベート」がタイトルかサブタイトルに入っている書籍（ただし、目次でディベートが主題となっているものは含めてある）を選んだ。除外したのは、論文と博士論文、記事、録音資料、科研報告書、映像資料、医療ディベートである。すなわち、誰でも接することが可能な一般書籍に限定してカウントした。そのうえで、出版社や書き手の属性で、「ビジネス書」「教育・学術書」と分類したのが図2である。

この方法で確認できた総数は二百三点（ビジネス書百三十二冊、教育・学術書七十一冊）。ディベート書の出版数はさほど多くない。しかし、一九九三年から九九年にかけて山がある。確かに、九五年前後に、新聞言説、教育学言説、雑誌言説、書籍言説が集中する。ただしこれらは、戦前・戦後

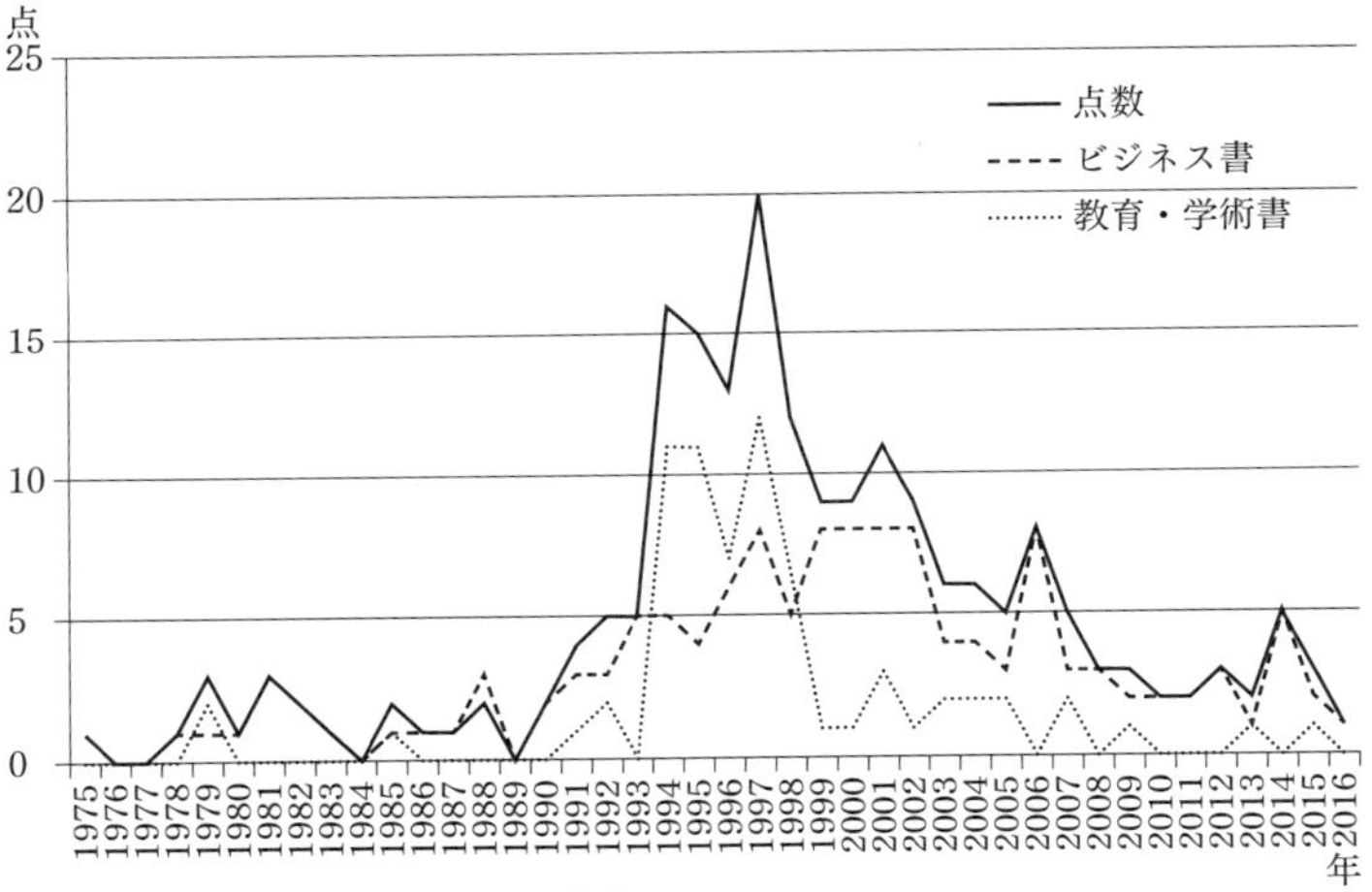

図2　ディベート関連書籍の発行点数

におこなわれてきた討論会の歴史とはまったく無関係である。[15]

では、ディベートへの関心はなぜこの時期に集中し、そこでは何を語っているのか。

すべてを記載できるわけではないが、新聞言説では、「民主主義」「日本人のコンプレックス」「国際社会」との関連が読み取れる。「朝日新聞」一九八八年二月十六日付オピニオン面（いわゆる投書欄）「国際化の前に政治の民主化必要　浜田幸一氏問題に思う（声）」で「アメリカでは中学からディベート（議論）やスピーチの授業があり、自分の主張を論理的に相手に理解させる民主主義の原点を学ぶ。残念だが、いまの国会中継を見るかぎり、ハイスクールの弁論大会の質の方が高い」といった読者からの批判が掲載された。その後、「日本人は討論が下手」（「読売新聞」大阪版、一九九一年十月八日付夕刊）、「国際社会で生き残るため、われわれもしたたかなディベートの手法を早く身に付けたい」(「読売新聞」一九九三年九月十一日付夕刊) とも書かれている。

他方、この時期の雑誌言説には別の特徴がある。一九九五年前後のオウム真理教関連の報道に伴って「ディベート」が頻出する。この時期は、「教室ではずむディベートマッチ 意思決定・新時代の主役」[16] などディベートに関する話題が集中するかと思えば、「オウム上祐氏が徹底訓練された「ディベート術」」[17]「オウム真理教の〝看板男〟上祐史浩部長を大発掘解剖!写真で綴る〝いつも前にいる〟男の半生、上祐氏と噂の恋人は〝前世〟からの夫婦!?　ディベートって何?」[18]「上祐話術に騙されるな 授業の教材になった討論番組」[19]「「〝ポスト上祐〟はお断り!ディベート甲子園って何※今年の夏から、中学、高校生を対象とした全国大会が開催される」[20] など、オウム真理教の上祐史浩が早稲田大のESS(English Speaking Society)に所属していたことや、「あの饒舌」を取り上げている(それが原因なのか、翌一九九六年には、出版界もディベート本の出版点数が落ち込んでいる。真相はわからないが)。

また、「ディベート」は、ビジネス書でも多数展開される。岡野勝志『ディベートで知的自己啓発』[21]、北野宏明『ディベート術入門』[22]、松本茂『頭を鍛えるディベート入門』[23] など、自己啓発・能力開発と関連して出版が相次ぐ。自己啓発・能力開発は一九七〇年代末に登場して、八五年前後に一般化していく。九五年にサンクチュアリ出版が立ち上がり、たかはしあゆむ『毎日が冒険』[24] を出版したことをきっかけに「自分探しブーム」が起こり、自己啓発書の流行はピークに達する。牧野智和が示したように、自己啓発書の著者の職業は、作家・評論家・思想家(二七・九%)や医者・心理学者・脳科学者(一八・三%)がほとんどを占めている。[25] そしてそれがとりわけビジネス書になると、九〇年代後半から二〇〇〇年代にかけて「〇〇力」という能力に関係する言葉とリンクしていく。[26] 彼が計量した心理一般カテゴリーに分類されたビジネス雑誌「プレジデント」(プレジデント社)、「日経ビジネスアソシエ」(日経BP社)、「THE21」(PHP研究所)が対象にした六十七の記事では(一九九六―二〇一〇年)、「説得力」が最上位のキーワードだった。[27]

テレビの討論番組の増加も看過できない。一九八七年に、田原総一朗司会の『朝まで生テレビ』(テレビ朝日系)の放送開始を皮切りに、『サンデープロジェクト』(テレビ朝日系、一九八九―二〇一〇年)、『報道二〇〇一』(フジテレビ系、一九九二―二〇〇八年)、『日曜討論』(NHK、一九九四年四月から『国会討論会』『政治座談会』『経済座談会』の番組名を統合)が続き、「八〇年代後半に拡大したニュース番組や討論生番組は、激動する政局に寄り添いながら、政局そのものを活性化させる役割を果たした」。[28] このように、「議論」や「討論」を日常的に目にするメディア文化が同時期に醸成されていたのである。くしくも、『朝まで生テレビ』の田原総一朗も討論の必要性について藤岡と同様の認識に立っている。田原は自伝で、東西冷戦が終わる時期に、これまでの左翼と右翼、資本主義か社会主義か、戦争賛成か反対かといった二項対立の議論ではなく新しい軸が必要となると読んで、「これからはディスカッションの時代だ」と回顧している[29](付言しておくと、第1章で登場した保守論壇常連の元自衛官で評論家の潮匡人は、一九八八年フジテレビで不定期放送されていた深夜のバラエティー番組『DEBATE』で「究極の軍人」として名を馳せた人物だ)。

さらに、一般書籍での「ディベート」の流通と並行して、教育学・教育現場でもディベートは注目されていく。一九九一年に「現代教育科学」六月号(明治図書出版)が「ディベートを授業にどう取り入れるか」という特集を組んだのち、以降三年間にわたって「教室ディベート」に関する「実践レポート」を年一度の頻度で掲載している。こうした討論やディベート型の授業方針は、現行の学習指導要領（二〇〇八年改訂）にも採用され、一九九八年版の学習指導要領にも「対話」と「討論」を重視する方法が「社会」「国語」に書かれている。

以上のように、一九九五年前後に「ディベート」への社会的認知は一気に高まり、ビジネスカテゴリーでは「説得力」の開発が求められ、教育では「対話」や「討論」が求められ、それがオウム真理教の上祐史浩の登場によって良くも悪くも注目を浴びたという時代状況が読み取れる。また、八〇年代末からディベート協会が設立され始めたが、その種類も三系統に分かれる。一つは競技ディベートや英語ディベートなど学術関係者と関わりが深いもの、一つはビジネスや自己啓発セミナーと関わりの深いもの、そしてもう一つは教育学でのディベートである。

このように時代背景を見ると、一九九五年前後には「ディベート」が社会の「知」のあり方を席巻していたのだ。

2　「歴史」を「ディベート」する

誰がディベートの普及を担ったのか

この間、最も「ディベート」本を書いているのは誰か。それは、松本道弘（二十二冊）と北岡俊明（二十六冊）である（共著・訳書含む）[30]。この二人でディベートに関する本全体の四分の一の著作を出版していて、いずれも、ビジネス書・自己啓発本の出版社を中心に執筆活動をしている。他方、教育学による「教室ディベート」は、教育学書の老舗である明治図書出版や学事出版が担っている。

松本や北岡とは何者か。松本は商社から大使館通訳を経て、英語、ディベート、日本文化に関する執筆活動をする大学の教員であり、NHK教育テレビの上級英語講座の講師を務め、自己啓発系の私塾も主宰している。また、国際ディベート学会会長である。他方、北岡は、シンクタンク勤務後に経営評論家になり、日本ディベート協会会長、「ディベート大学」を主宰する。こちらもいわゆる自己啓発系の私塾の主催者・経営者である。

両者には共通点がある。第一に、ディベートを「武道」「武士道」「格闘技」と捉え、それが「国防」に資するという哲学を有している点である。松本は、「日本はディベートにより知的武装しなければ、国を滅ぼしてしまうという〈ディベートによる文化防衛論〉を打ち出した[31]」「日本語ディベートは母語と母国のアイデンティティー（文化、伝統）に目覚めさせ、健全な誇り（愛国心）を涵養する[32]」という。

他方、北岡は「軍事力が評価されるその日まで、日本を守る武器はディベートしかない[33]」「韓国からの理不尽な非難や要求に対して、断固たる反撃をする切り札的な武器がディベートである。ディベートこそ国益をまもる技術である[34]」という。両者ともに「ディベートができなければ日本は世界によって崩壊させられる」という危機感からディベート能力開発の本を書いている。

第二に、第一の共通点と関連して、松本、北岡はともに右派・保守的な思想に基づく具体的な活動を展開している点である。松本は三島由紀夫の憂国忌の発起人であり、「つくる会」の賛同者である。また北岡は「つくる会」の機関誌（『「史」』）に寄稿する立場である。特に北岡は、『日本をディベートする』『韓国とディベートする』『ディベートからみた東京裁判』『中国とディベートする』(35)『嫌韓流ディベート』(36)といった著作で直接的に歴史論争に参入している。

ディベートと「男性性」の称揚

もう一つ指摘しておきたい。彼ら二人の議論は、男性性への志向と強く関係する。松本は、ディベートは「女子でも楽しめる知的格闘技」(37)などとことさらに性差を持ち出す。そのほか、一九七五年の著作には、おびただしいほどの女性蔑視が散見される。また、「外国人」「日本人」のイメージも徹底的に本質主義である。例えば、松本が「西洋人」の発想を紹介する部分では、「一人の国籍不明の女性が離れ島にいる。そこへ二人の男が漂着する。さてどうなる？」(38)という謎の設定でディベートと各国人の思考傾向を説明する。この妄想のなかで、彼は男が女を所有するという設定の問題性には無頓着である。そもそも、「格闘技」や「武道」のメタファーを使うこと自体が「男性領域」の意識を反映していると言える。

北岡は「男（オス）は肉体と精神が強靭でなければならない。これは自然界の動物の本質である。オスは群れを率いる。そのオスをメスが生む。見事な役割分担である。そこには優劣はない。しかし、群れを率いるオスが弱体では種の繁栄はない。日本の弱体はオスの弱体にある。少子化の根本原因も男子の弱体にある。経済の衰退も男子の弱体にある。産業や企業における創造や独創の欠如も男子の弱体にある。男子の弱体とは肉体と精神の弱体である。（略）浮かれている日本の男性と女性よ、男子はオスの本能に女子はメスの本能に、ともに原点にかえることが今の日本に必要ではないのか[39]」と述べ、徹底的に自然主義的・本質主義的性別二元論を堅持する。

北岡はこうも書く。「しかし〔軍人出身大統領に対して：引用者注〕、文民出身の金泳三は未来志向などと言ったくせにすぐに過去を持ち出す女々しい人物である。思考と行動が女性的である。歴史認識問題や従軍慰安婦問題や竹島問題などでは女性的で感情的な起伏の激しい行動をとった[40]」。ほかにも、「男ならディベートやれ」「軟弱化した日本はどうか（略）女の文化は日本中を覆っている」「私がディベートを好きなのは男の闘争本能をかきたててくれるからである」「歴史は男の文化と女の文化が交互に現れる。明治時代もそうだが、戦後の高度成長時代、坂の上の雲を目指していた日本は、男の文化が支配していた[41]」と書籍の冒頭からまくし立てる。彼らの言説には明らかに「女性蔑視（ミソジニー）」の感情がこびりついている。

彼らがことさらに「男性性」を称揚した背景には、一九九〇年代が日本で「男性性」を問い直した時期だったことも関係しているだろう。フェミニズムを経由したあとで「男性学」が提唱され、「男性性 masculinities」に対して、経済不況の遡及と女性への暴力批判が相次ぎ、九〇年代の男性の規範は揺れていた[42]。そして、その揺り戻しが二〇〇〇年代突入直後に起こったジェンダー・バックラッシュだった。

なぜ「ディベート」と「歴史修正主義」が結び付くのか

ディベート論を牽引した松本、北岡、藤岡に見られるように、「ディベート」は「国防」や「日本（人論）」の枠組みを採用しながらその意義が語られていく。そのカラクリを解いてみよう。[43]

まず、松本は一貫してビジネス領域での「ディベート術」のノウハウに着目し、その位置から記述している。そして北岡もまた当初は同じ傾向にあり、一九九五年までの著作では、歴史とディベートを結び付けていることはほぼなかった。しかしその後、日本人論や国防論目線の記述が登場するようになる。北岡は九六年からは「韓国」「中国」「東京裁判」「靖国神社」「嫌韓流」「安倍内閣」などをテーマとし、「慰安婦の強制連行はなかった」といった歴史修正主義を展開していく。一方、松本の場合は、『中国人、韓国人、アメリカ人の言い分を論破する法』[44]まで歴史についての記載はない。

つまり、疑問はこう書き換えられる。なぜ一九九〇年代中盤に「自己啓発」「能力開発」と「国家」が結び付くのか。前掲の牧野智和は、「自己啓発」を「自己のテクノロジー」と分析している。[45]「自己のテクノロジー」とは、内面の技術の対象化であり、「自己の再帰的プロジェクト」である。すなわち、自己の見直しと管理のテクノロジーのことを指す。その意味で、非常に「内向的」なベクトルが確認できる。これが一九九〇年代の社会状況とも適合していたのだろう。「自己」と「国家」を近く感じるならば、モノ（外部）からココロ（内部）への「気づき」を自己啓発書が勧めることと、対外状況（外部）の変化から日本へのアイデンティティ（内部）を模索することは、構造的に類似性があると考えられる。そして、それが同時期に発見されることは非常に興味深い。すなわち、対外的情勢の不安定（冷戦構造の崩壊）が、再帰的に「日本」というアイデンティティの問い直しを迫っていることの証左である。

自己啓発・能力開発と「日本アイデンティティの復権」は遠い関係ではないかもしれない。『人生に迷ったら知覧に行け』[46]という自己啓発書がある。それは、平和でも慰霊のためでもなく、自分の生き方を見つめ直すために、かつて特攻基地があった鹿児島県の知覧と知覧特攻平和会館に赴くことを推奨する著書である。それによれば、戦争の歴史に対する反省などの歴史的文脈ではなく、そうした文脈から離脱していまを生きるヒントが知覧（の遺書展示）にあるという。「いま、日本はいい国ですか？」という冒頭文には、個人の啓発が国家の改善に直結する思考が如実に現れている。

さらに、ディベートは自由主義史観と強く結び付いていく。氏家和彦によれば、自由主義史観（司馬史観）の特徴の二つ目として藤岡が提案する「戦略的リアリズム」[47]の教育的方法論が「ディベート」ということになる。[48]藤岡が言うところの「戦略論」とは「究極的に日本という国家と国民の生存と繁栄を最高目的とする」ものであり、「リアリズムの最も集中的な実現形態」[49]である。ただし氏家の指摘は、すでに検討したようにディベートそれ自体が米ソ冷戦構造崩壊の影響に呼応した戦略的な方法論であると藤岡が述べていたことを見落としている。これは歴史の問い直しに関して、内容・方法の両側面から藤岡が考えていた思考と相似する。[50]

「歴史」を「ディベート」する

「歴史」をディベートの対象とするのはどのような知的な営為なのか。矢野善郎（日本ディベート協会元会長）によれば、ディベートとは、広義には「①公に関わる・公共の（私的でない）問題について、②対立する複数の立場をまじえながら、③（例えば公開された場面などで）中立の第三者に対しても説得的であることを目的としておこなわれる議論」[51]であり、かつコミュニケーションの様式だという。そのメリットは、「物事を相対化してみる経験」で、藤岡のいずれの著作でもおおむねこのように捉えられている。

この問いを検討する前に、なぜ対話や討論ではなく、「ディベート」という形式にこだわったのか、考えておきたい。論点をやや先取りすることになるが、その理由は「ディベート」というコミュニケーション様式にある。ディベートは、複数の論点から話し合う対話や討論と違い、二項対立図式のコミュニケーションである。それが好まれる理由は、一方に歴史学の通説を設定し、他方に特殊な少数意見を扱うことによって、あたかもマイナーな説を二大通説の一つのように地位を底上げすることができ、同じレベルで議論することができるからだ。すなわち、ディベート論題は設定の時点で、すでに「俗説」「傍流」を格上げするイデオロギーを発揮していることになる。

しかし、ディベートは真理を確定する場ではない。とするならば、本来歴史をディベートすることは歴史を審議するためには向かないはずである。だが、藤岡は歴史のディベートを「歴史上の事実や出来事についての命題を論題とする」ものと位置付けて歴史教育の実践として提唱していく[52]。

藤岡自身も「大東亜戦争は自衛戦争であった」という論題についての前説明で「歴史ディベートは歴史上の出来事の解釈について特定の結論を出すために行われるものではない」こと、ディベートでは「否定側が勝利している」ことを強調し、「真理を確定する効力を持っているのではなく、両者の議論の相対的な説得力の違いを反映しているにすぎません」[53]（傍点は引用者）と断っている。

しかし、これまでに述べたように二項対立の形式をもつディベートは平等な議論を対置するのではない。さらに、本来「事実命題」とは「いまは朝である」の真偽を問うものであり、議論の対象ではないため、カテゴリー・ミステイクである。この点について教育者である今野日出晴が次のように批判している。[54]

歴史ディベートが真理確定の方法として位置付けられていないことを確認したい。藤岡氏とともに、自由主義史観研究会の呼びかけ人の一人であった安藤豊氏は、「どっちが正しいか（真理性）を争うのではない。説得性を争うのである。[55]ディベートは真理性の決定に関与しない。各人の意思決定に関与しない」と明言している。そして、「今回のディベートは歴史研究に『マジ』になった方が負け」であり、「『事実は確定されない』ということをさわやかに言える」ことが企図されている。[56]（傍点は引用者）

「歴史研究に『マジ』になった方が負け」の「歴史ディベート」に何の意味があるのか、また、「『事実は確定されない』ということをさわやかに言」うことの意義がどこにあるのか疑いたくなる。

いわゆる「ネタにマジレス」のダサさをあおっているのだろうか。とはいえ、それが重要なのだ。「戦略的リアリズム」を体現するコミュニケーション様式としてのディベートは、「事実命題」と言いながら、「事実」の真偽よりもアドホックな「説得力」「説得性」の獲得を、あるいは歴史研究に「マジ」なスタンスを脱臼させることを賭け金としている。すなわち、事実を「相対化」できればいい、ということなのだろう。とするならば、その目的の中心は、対抗する他者の言葉をくじくことにある。

「歴史ディベート」という知性の問題性はどこにあるのか。第一に、真実よりも説得性が重視されるのであるから、反論のための知識をもたないものには沈黙を強いる。第二に、「さしあたりその場の議論で主導権を握ればいいのだから、根拠はもっともらしいものであればよ」く、相手の「言葉を詰まらせた時点で、「勝ち」」ということだけが「目的」化される。[57] つまり、「事実」に基づかない「虚構」であっても、内部の論理的整合性が保たれていて説得力があればいいということになる。これは、第1章で見た「陰謀論」の論理とも符合する。というのは、メタ理論からの演繹（特定の立場を先に設定して、それに整合するもっともらしい根拠だけがあればいい）の状況を作るのに便利な手法と言えるからだ。第三に、歴史資料や当事者の証言など、まったく価値と重みが異なるものをすべて「言説」として価値を一元化し、（ときには、揶揄や妄想でも）同じ俎上で扱ってしまう。すなわち、歴史的事実に対する証明責任を負うことなく他者を「言いくるめる」ことそれ自体が目的の中心になる思考方法ということになる。

こうした思考方法は、政治家による歴史修正主義発言にも見られる。例えば、佐瀬昌盛（防衛大学校教授：当時）は、一九九四年の五月に永野茂門（法務大臣：当時）が南京事件を「でっちあげだと思う」と発言して罷免されたことに「諸君！」一九九四年七月号で言及した際にこう述べている。

こんな議論をいつまでやっても仕方がない。

五十年以上前の事件で、言われるような（三十万もの）虐殺があったのか、なかったのかは、誰も一〇〇％証明できない。これは論証の問題というよりは、説得力の問題だ。声が大きいほうが勝つ。

論証ゲームでは論証力が勝敗を決める。だから、多数派の方が論証力において勝るとは限らない。しかし、政治ゲームでは支持者の数が物を言い、そのためには論証において怪しくとも、熱心、かつ声高に、さらには確信的に自説を唱えるのが有効である。(58)

すなわち、南京事件を糾弾する中国でも、それを否定する日本の歴史修正主義でも、「論証において怪しくとも」とわざわざ言うほど「説得力の問題」を焦点化する。ここに、第1章でも指摘した、真理を止揚してイデオロギーの闘争が主役に躍り出る姿勢を読み取ることができる。さらに、この言葉をリテラルに受け取れば、歴史は「実証」ではなく「論証」の対象となる。ここで、「歴史」自体への関心よりも「説得力」の重要性が前景化する。

3　メディアでのディベート表現の展開

ディベートメディア

さて、ここまで歴史修正主義、教育学、ビジネス書とディベートのつながりを見てきた。それは冷戦構造崩壊後に「戦略的」に「真理」よりも「説得性」が重視される「国防（国家と国民の生存と繁栄）」の手段であり、読者を啓蒙する教育と自己啓発分野の対象だったと考えられる。

だが、まだ考えなければならないことがある。藤岡が教育学で提唱した「歴史ディベート」は実際に「ディベートを行った記録」であった。しかし、その他出版されている書籍は、必ずしもそれと同じ形式をもっているわけではない。注意しなければならないのは、藤岡のディベート録が、読み手に「第三者」の役割を促すことだ。実際のディベート式コミュニケーションでもそうだが、限られた時間の討論で、勝ち負けがつき、それをジャッジする「第三者」が不可欠である。すなわち、「第三者」は常に自動的に参加を求められる。だが、教育者である渡部淳が指摘するように、ディベートには身体表現が伴ったりもする。こうしたパフォーマンスを含む知を彼は「演劇的知」として提唱している[59]。

さらに、もう一点見るべきことは、ディベートの普及を担ったこうした一般書籍などは、ディベートを仮想的におこなったものであることだ。つまり、過去形かつ仮想の「書かれたディベート」

を読む・見るという構図がある。そうした意味で、出版物に描かれるディベートは、「対立する立場から、討論する」コミュニケーションではなく、「「対立する立場から、討論する」コミュニケーションを見る」という「視覚性」を伴うコミュニケーションと言える。と同時に、それは限られた時間でリアルタイムに進行する未編集のコミュニケーションを演出する（この点が対談やインタビューとは異なる）。

例えば、自己啓発書・ビジネス書の分野でディベート本を多数書いている北岡俊明は『韓国とディベートする』以降、近隣諸国の言い分を論破することを主題とするディベート本を刊行するが、自称「方法論」としての「ディベートの権威」である北岡のこうした他国論破系の著作は、藤岡の「戦略的リアリズム」のためのディベートと方法論でそう遠くはない。そして、北岡の著作は、「さまざまな分野から論題を提出し、仮想ディベートをしている」[60]ものである。つまり、すでに引いたように、北岡の「方法論としてのディベート」は、「仮説」であり「仮想のディベート」ということになる。事実、『韓国とディベートする』『日本をディベートする』『中国とディベートする』『嫌韓流ディベート』の四著作は、実際に他者が述べた発言や著述が論戦の対象ではなく、思考実験としてのディベートが書かれている。これは事実に基づくディベートではなく、仮想の談義である。北岡のディベート本の記述を例示しよう。『韓国とディベートする』では、次のように書かれる。

論題「強制連行はなかった」

韓国人「強制連行されて慰安婦になった」

日本人「強制連行はなかったが『強制』はあっただろう。悲しい話だが、強制されて娼婦になるのは、昔からどこの国にでもある悲劇である。家が貧しくて、あるいは借金のかたに、女郎屋に売られたというのはあった」
韓国人「いや違う。朝鮮半島の女性を強制連行して、無理に従軍慰安婦にした」
日本人「強制連行したという証拠をみせろ。誰が誰を強制連行したのだ、エビデンスを提示してくれ」
韓国人「エビデンスとは何だ」
日本人「証拠や資料やデータのことだ。ディベートなど討論においては発言にはエビデンスをつけて証明しなければならない。立証責任が伴うのだ。挙証責任というやつだ。これは民主主義の根本原則だ」
韓国人「韓国では挺身隊にされたという女性が証言している」
日本人「あなたは挺身隊が何か分かっているのか」
韓国人「従軍慰安婦だろう」
日本人「とんでもない。断じて違う。これでは議論にならない。討論以前の常識とモラルの問題だ。虚偽を前提に議論するなど民主主義国家ではありえない」(61)

「エビデンスを提示」しろと求める北岡の口からはエビデンスは出ない。そして、「常識とモラルの問題」に回収する。つまり、ディベートの相手を「議論にならない」非理性的な「他者」として位置付け、露骨な差別感情を開陳する。切通理作は、これらは、藤岡、西尾幹二、小林よしのりらが出演した「慰安婦」問題を討論した『朝まで生テレビ』(テレビ朝日系、一九九七年二月一日放送)の際にも藤岡らに見られた態度だったと記録している。切通によれば、藤岡・西岡が、反対派(西野瑠美子、梶村太一郎など)と「公理」(前提)が嚙み合わず、「彼〔藤岡:引用者注〕にしてみれば公理を共有していない人間は迷妄者に見える」から、「ディベートとしてはルール違反」である「人格攻撃」をおこなったと推測すると述べている。(62) ここには北岡と同じルール逸脱という「失敗」が読み取れる。

そして、この本の読者は、このディベートらしきものをジャッジする「第三者」の立場に自動的に置かれることになる。これらの書籍の構造が、著者が取り上げる各テーマへの見解を述べたのちに仮想ディベートを展開させていく点に注意しなければならない。すなわち、韓国を「敵対国家」として位置付け、「日本が正しい」という北岡の主張を読んだ後に、仮想ディベートを読ませる構成になっている。

ディベート表現を読ませるメディア文化——ディベートからマニュアルへ

北岡の表現は露骨にディベートの相手を非理性的な「他者」として描くものだが、同じ表現手法は、「慰安婦」問題をテーマとした際の小林よしのり『新・ゴーマニズム宣言』にも見られる。小林は論敵を「怖い顔」で描き、同じ立場の論者を優しそうに描く(図3)。同様に、「日韓併合」をテーマにディベートを描く山野車輪の『マンガ嫌韓流』(図4)でも、カリフォルニア州グレンデ

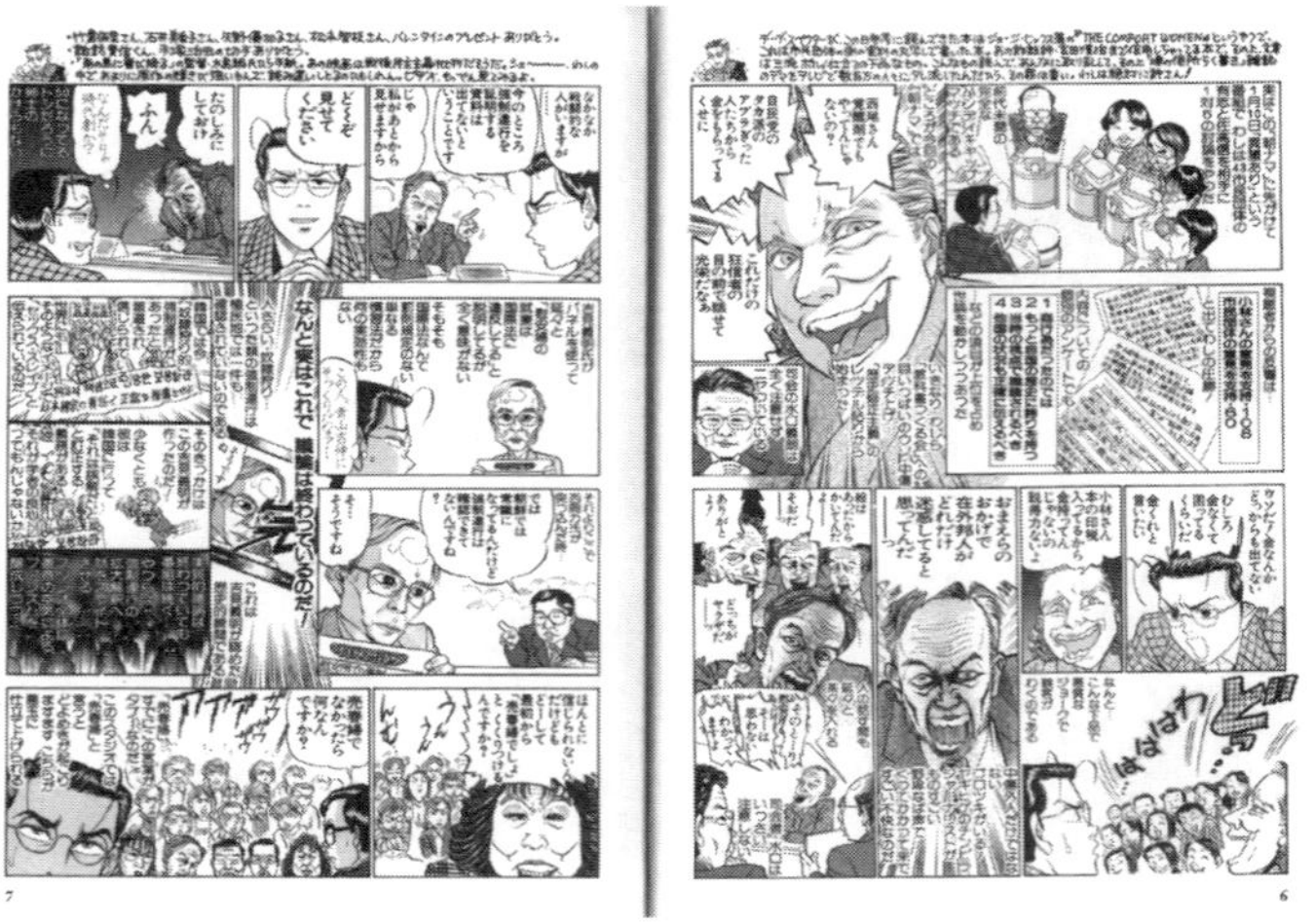

図３　前掲『新・ゴーマニズム宣言』6―7ページ

図４　前掲『マンガ嫌韓流』200―201ページ

図５　前掲『日之丸街宣女子』146—147ページ

ール市の中学生と日本の中学生が「慰安婦」問題について「Skype」を通して論戦する岡田壱花・富田安紀子の『日之丸街宣女子』（図５）でも「他者」は非理性的な者として表象されている。

実際、北岡は『嫌韓流ディベート』を出版していて、『嫌韓流』が扱ったテーマを論題として「仮想ディベート」をおこなっている（『韓国とディベートする』と同じ体裁の記述方法だが）。

ただし、注目すべきは『韓国とディベートする』の売り文句が書かれた「帯」である。帯には「あなたもこの本で、韓国の歪曲と捏造を徹底的に論破できる！」とある。帯だから編集者の販促意図かもしれないが、ここからはディベートが歴史的な「『事実は確定されない』ということをさわやかに言える」という「相対的な視点を提供する」ことを超えて、「論破」が志向されていることが読み取れる。実際に、『嫌韓流』副読本として、同じ出版社である晋遊舎から桜井誠が『嫌韓流反日妄言撃退マニュアル』(63)『嫌韓流実践ハンドブック2 反日妄言半島炎上編』(64)を出版していることが並行して確認できる。

では、以上に見てきたようなメディア化された読み物としての「ディベート」はどのような性格をもつのか。第一に、自己啓発（能力開発）や「相対的な視点」を獲得するためにおこなわれてきた「内向き志向」のディベートが「論破」という目的を尖鋭化させて、「内向き」から「外向き」のベクトル（攻撃）を求め始めていることがわかる。それは、「近隣諸国」を倒すべき「敵」として位置付けることによって「論破」の必要性を高める手法を取っている。第二に、ディベートをめぐるメディア表現が「こうきたらこう返せ」という「実践」に終始し、本来の思考の手段・能力や論理的思考を学ぶといった「自己啓発」を促すどころか、（反転して？）何も考えなくても使い回せる「論破マニュアル」の体裁へと転化してしまっている。第三に、真偽の判断を「第三者」に任せるディベート形式と「論破マニュアル化」が、歴史判断に関する資料や証言を「説得性」の言説の価値判断に一元化する。第四に、「公理」や「前提」を共有しない者は非理性的な「他者」／「迷妄者」（切通理作）として「人格攻撃」をおこない、ディベートから疎外する。第五に、消費者による論戦の参加へのハードルを低くする可能性をもっている、である。

最後に一つ考えておくべきことがある。なぜ彼らの主張が「論破マニュアル」へと先鋭化していくのか。より踏み込んでいえば、なぜ「論破」や「説得性」が重要な証拠や証言の重みを無視して、イデオロギー闘争の恍惚感を与えるのか。おそらく、その理由は、第1章で指摘した「アマチュアリズム」にある。アマチュアは、専門家ではないからこそ、適切な歴史資料を調査する責任（や労力）を負わなくても「専門家ではない」と言えば免責される。アマチュアであるかぎりは、論戦に必要な知識だけあればよく、対抗するイデオロギーの「論破」さえできればいいからだ。

おわりに

以上のように、歴史修正主義とディベート、およびそれらをめぐるメディア文化の変遷を検討してきた。歴史修正主義者は、「歴史」をテーマとした「ディベート」を好んだ事実がある。日本の「ディベート文化」は一方で教育学に担われ、他方で「説得力」と「日本人の論理力」を求めるビジネス書・自己啓発書の分野で広く展開された。これらは、いわゆる競技ディベートとは異なる文脈のものである。そして、それらが「歴史」をテーマとして合流することになる。自己啓発の「自己」と歴史ディベートでの「日本」は同じ構造の上にあり、対外関係のなかで負けない日本と日本のアイデンティティを守るための手段を磨くことと関連している。その知性は、第一に真理に対する興味よりも「説得性」を最重要視し（しかしそれはカテゴリー・ミステイクである）、第二に討論ではなく「ディベート」が好まれるのは、非主流の説でも二項対立のゲームではあらかじめ同等な対立項に設定することで格上げされ、第三に、（マンガなども含む）メディアのディベート表現が「論破マニュアル」に転じ、第四に「論破」に目的を置くことで、歴史資料や証言を単なる「言説」として位置付けてしまうミスを犯す、と同時に、第五に消費者による参加の敷居の引き下げを可能にし、公理を共有しない者を非理性的な「他者」として表象するという側面を明らかにした。[65]

特に「論破マニュアル化」は、結果として、能川元一が指摘しているような、言論に新規性やオリジナリティーは求めない右派保守系言説の「物量作戦[66]」の備蓄材となっているかもしれない。冒頭に挙げたように、現在日本のインターネット上では、論戦と論破は非常に好まれている。このメディア文化のルーツの一つに、本章で検討してきた背景の影響もあるだろう。少なくとも、排外主義、歴史修正主義のなかにはこうした「論戦」を称揚するメディア文化があったことは明確だろう。

そして、第1章で見たように、ある種の「アマチュアリズム」は、この「説得性」に賭けられてきたのではないか。言説のヘゲモニーを握るために、対抗する相手を「説得性」の基準で「相対化」「論破」する。それは、「真実」「真理」の積み重ねよりも、いま目の前で展開されている議論や批判に反応した知的態度ということもできるだろう。だが、他方でこの態度が目的化したとき、「真理」は後景化して、言説の内部整合性だけが前景化する。

さて、第3章と第4章では、歴史修正主義のある種のアマチュアリズムが参加文化をどのように構築していったのかを検討する。第3章では保守論壇誌のこの時期の傾向を読み解き、第4章では小林よしのりの「慰安婦」問題への言及箇所を手掛かりに、読者参加文化の構築手段を分析しよう。

注

（1）前掲「現代日本の「反・反知性主義」？」三〇―三一ページ
（2）ジャック・ランシエール「歴史修正主義と現代のニヒリズム」安川慶治訳、「現代思想」一九九五年四月号、青土社、三四―三七ページ
（3）北田暁大「歴史の政治学」、吉見俊哉編『カルチュラル・スタディーズ』（講談社選書メチエ）所収、講談社、二〇〇一年、一八七―一九一ページ
（4）藤岡信勝編著『歴史ディベート「大東亜戦争は自衛戦争であった」』明治図書出版、一九九六年。ディベート自体の実施は一九九四年。
（5）リチャード・マイニア『東京裁判――勝者の裁き』安藤仁介訳、福村出版、一九八五年。初翻訳：『勝者の裁き――戦争裁判・戦争責任とは何か』福村出版、一九七二年
（6）藤岡信勝『汚辱の近現代史――いま、克服のとき』徳間書店、一九九六年、一〇七―一〇九ページ
（7）藤岡信勝「「議論の文化」と教室ディベート――子どもたちにディベートを楽しむ力を」『教室ディベートの挑戦』第一集（授業づくりネットワーク別冊）、学事出版、一九九五年、一一―一二ページ
（8）藤岡信勝『近現代史教育の改革――善玉・悪玉史観を超えて』（「「近現代史」の授業改革双書」第一巻）、明治図書出版、一九九六年、二〇ページ
（9）同書三七ページ
（10）同書二八―二九ページ
（11）同書五二―五三ページ
（12）同書二〇―五四ページ

(13) 同書九二―一一三ページ

(14) 教科書検定訴訟を支援する全国連絡会編『教科書から消せない戦争の真実――歴史を歪める藤岡信勝氏らへの批判』(〔教科書裁判ブックレット〕、教科書検定訴訟を支援する全国連絡会、一九九六年)と、藤原彰/森田俊男編『近現代史の真実は何か――藤岡信勝氏の「歴史教育・平和教育」論批判』(大月書店、一九九六年)が最初期に藤岡信勝の議論を批判したものと思われる。

(15) ディベートという営みの研究蓄積は、主に英語圏にあると言っていい。アメリカの議会図書館(Library of Congress)のデータベースからも最初期所蔵文献にディベートの論題を集めた書籍があることが数多く発見できる(一八〇〇年代中盤以降)。

他方で、ディベートの方向性にも違いがある。イギリスでは議会ディベート(Parliamentary Debate: PD)、アメリカではより競技性の強い全国ディベート・トーナメント(National Debate Tournament: NDT)形式、あるいは反対専門ディベート協会(Cross Examination Debate Association: CEDA)形式が主流になっていく。一九九〇年代以降アメリカでもPDが研究分野で注目を浴びるようになる。シェッケルズとウォーフィールドが議論学・討論学分野で最も権威があるとされる*Journal of American Forensic Association*に発表した、PDの教育的価値に関する論文(Theodore F. Sheckels Jr. and Annette C. Warfield, "Parliamentary Debate: A Description and a Justification," *Argumentation and Advocacy*, Volume 27, 1990.)が嚆矢と言える(中野美香「ディベートの功罪――パーラメンタリー・ディベートに参加する大学生の意識」「スピーチ・コミュニケーション教育」第十八号、日本コミュニケーション学会、二〇〇五年、四ページ)。

こうした文脈がある一方で、日本国内のディベート発展の歴史的経緯に関する先行研究は非常に少ない。和井田清司によれば、日本のディベートは、一八七三年(明治六年)に福沢諭吉が debate を

「討論」と訳し、討論会を実施することから始まる。一八八〇年代ごろ（明治十年代）に自由民権運動で庶民レベルにまで徐々に拡大されていく。その担い手となっていくのは学生たちで、戦中にも日米で討論（日米学生会議）をするセッティングをおこなった。戦後、冠地俊生と板橋並治（ともに日米学生会議出身）が朝日討論会を始め（一九四六―五〇年）、そのあとに財団法人刑務協会が矯正討論会を開始（一九五〇―六一年）し、認知される。以後、大学や高校の弁論部や討論部に広がり現在のように大学などに日本語・英語のディベートサークルが一般化していくことになる（和井田清司「戦後ディベートの源流――日本におけるディベート導入史に関する一考察」「武蔵大学人文学会雑誌」第三十三巻第一号、武蔵大学人文学会、二〇〇一年、五三―一〇九ページ）。

(16)「教室ではずむディベートマッチ 意思決定・新時代の主役」「AERA」一九九四年二月七日号、朝日新聞社、九ページ

(17)「オウム上祐氏が徹底訓練された「ディベート術」」「週刊ポスト」一九九五年四月十四日号、小学館、五七ページ

(18)「オウム真理教の〝看板男〟上祐史浩部長を大発掘解剖！写真で綴る〝いつも前にいる〟男の半生、上祐氏と噂の恋人は〝前世〟からの夫婦!? ディベートって何？」「FLASH」一九九五年四月二十五日号、光文社、一〇―一三ページ

(19)「上祐話術に騙されるな 授業の教材になった討論番組」「AERA」一九九五年八月二十八日号、朝日新聞社、一一ページ

(20)「〝ポスト上祐〟はお断り！ディベート甲子園って何 ※今年の夏から、中学、高校生を対象とした全国大会が開催される」「週刊読売」一九九六年三月三十一日号、読売新聞社、一七〇―一七一ページ

(21) 岡野勝志『ディベートで知的自己啓発――「思考力」「論理力」を高め「企画力」「交渉力」が身につく本』オーエス出版、一九九〇年

(22) 北野宏明『ディベート術入門――問題発見、論理構築から危機管理まで』(ゴマブックス)、ごま書房、一九九五年

(23) 松本茂『頭を鍛えるディベート入門――発想と表現の技法』(ブルーバックス)、講談社、一九九六年

(24) たかはしあゆむ『毎日が冒険』(「Hot youth series」part. 2)、サンクチュアリ出版、一九九七年

(25) 牧野智和『自己啓発の時代――「自己」の文化社会学的探究』勁草書房、二〇一二年、三七―三八ページ

(26) 同書一九〇ページ

(27) 同書一九七ページ

(28) 逢坂巌「政治とテレビの変遷2」、前掲『テレビ政治』所収、九二ページ

(29) 田原総一朗『塀の上を走れ――田原総一朗自伝』講談社、二〇一二年、二七一―二七二ページ

(30) 北岡の著書の発行部数について出版社に問い合わせたが、総合法令出版は内規によって社外秘だった。回答があったPHP研究所の出版物の部数は以下のとおりである。これを見るかぎり、さほど「影響力のある」本ではないが、学術書よりも売れる「カルトな一般書」という性格が自己啓発書というメディアに垣間見える。

北岡俊明『ディベートの技術――論理的な思考方法から議論に負けない話し方まで』(「Business selection」)、PHP研究所、一九九六年) 五万三千部

北岡俊明『ディベートがうまくなる法――議論・説得・交渉に勝つための技術』(〔PHP文庫〕、

ＰＨＰ研究所、一九九七年）九万七千部
北岡俊明『実践編・ディベートの技術――表現力を高める方法から論争に勝つテクニックまで』（〔PHP business selection〕、ＰＨＰ研究所、一九九七年）一万部
北岡俊明『スーパー・ディベート術――議論に勝つための思考力・表現力の鍛え方』（〔PHP business library：Business〕、ＰＨＰ研究所、一九九八年）一万二千部
北岡俊明『最強のディベート術――会議・商談に活かす実践テクニック』（〔ＰＨＰ文庫〕、ＰＨＰ研究所、一九九九年）三万三千部
北岡俊明『ディベート式「文章力」の磨き方――論理的表現力を高める実践ノウハウ』（〔ＰＨＰ文庫〕、ＰＨＰ研究所、二〇〇〇年）二万二千部
北岡俊明『「ディベート力」の鍛え方――詭弁を見破り、論破する技術』（ＰＨＰ研究所、二〇〇二年）九千部
北岡俊明『ディベートからみた東京裁判』（ＰＨＰ研究所、二〇〇三年）七千部
(31) 松本道弘「日本語ディベート提唱二十年」、藤岡信勝編著『教室ディベート入門事例集――「議論の文化」を育てる』（〔ネットワーク双書　シリーズ・教室ディベート〕第一巻）所収、学事出版、一九九四年、一〇ページ
(32) 松本道弘のblog「私塾　紘道館」の記事「早期英語教育より、早期日本語ディベート教育だ」（http://plaza.rakuten.co.jp/eigodoh/diary/200802160000/）［二〇一七年八月三十一日アクセス］
(33) 北岡俊明『日本をディベートする――日本のタブーに挑戦する』総合法令出版、一九九七年、一七ページ
(34) 北岡俊明『韓国とディベートする――韓国を徹底的に論破する』総合法令出版、一九九六年、七ペ

ージ

(35)北岡俊明/ディベート大学『中国とディベートする――侮日国家・中国を徹底的に論破する』総合法令出版、二〇〇六年

(36)北岡俊明/ディベート大学『嫌韓流ディベート――反日国家・韓国に反駁する』総合法令出版、二〇〇六年

(37)前掲「日本語ディベート提唱二十年」七ページ

(38)同論文四八―五六ページ

(39)前掲『韓国とディベートする』二七ページ

(40)同書二二三―二二四ページ

(41)前掲『日本をディベートする』二―四ページ

(42)本来ならば、歴史修正主義の男性性やミソジニーへの親和性については、多角的に分析しなければならない。能川元一(「『産経新聞』の〝戦歴〟「歴史戦」の過去・現在・未来」、『週刊金曜日』編『検証産経新聞報道』所収、金曜日、二〇一七年、七一―一一六ページ)が指摘するように、「慰安婦」問題での歴史修正主義の対応は、「売春婦ならば問題がない」(=合法的である、といった理由で)というような対応であり、人権意識が著しく低いと言える。

また、北岡が過敏に男性性(男性の軟弱化)について論じることも、同時期のほかの話題とリンクしているように思える。例えば、一九九〇年代は「男性学」が登場し、男性が構築してきた男性中心主義社会が男性自身に対する抑圧になっていることが指摘された。また、茶髪ピアスの男性が「女々しい」と批判されたのも同じ時期であり、さらにその数年後からジェンダー・バックラッシュが苛烈になる。

他方、人々の実践を検証する社会学のエスノメソドロジーという分析方法でも、女性に比して男性のほうが議論での口数が多く、割り込む回数が多いことが明らかになっている（好井裕明「男が女を遮るとき——日常会話の権力装置」、山田富秋／好井裕明『排除と差別のエスノメソドロジー——「いま—ここ」の権力作用を解読する』所収、新曜社、一九九一年）。北岡らの認識では、ディベートのように論戦を仕掛ける文化は、男性の「本質」と相性がいいのだろう。

(43) 当時の教育学者のその後を追うと、藤岡が教育方法論で賛同していた向山洋一は二〇〇〇年以降TOSS（Teacher's Organization of Skill Sharing、教育技術法則化運動）の代表として、安倍政権のもとで活動しながら、「つくる会」、日本青年協議会の教育学者・髙橋史朗の親学推進委員会の顧問になっている。藤岡も含め、大きくくくれば「教育系右派」と呼べるかもしれない。「つくる会」で合流した藤岡と髙橋だが、その後、藤岡は日本会議の機関紙「日本の息吹」（一九九七年十二月号）で、歴史問題を扱うことで同会に関与している。

(44) 松本道弘『中国人、韓国人、アメリカ人の言い分を論破する法——ディベートなくして納得は無し』講談社、二〇一三年

(45) 前掲『自己啓発の時代』一三ページ

(46) 永松茂久『人生に迷ったら知覧に行け——流されずに生きる勇気と覚悟』きずな出版、二〇一四年、マンガ版：永松茂久原作、今谷鉄柱漫画『コミック 人生に迷ったら知覧に行け』きずな出版、二〇一五年

(47) 前掲『近現代史教育の改革』一六〇ページ

(48) 氏家和彦「自由主義史観とディベート論のあいだ——藤岡授業論の基本論理」「公民論集」第七号、大阪教育大学公民学会、一九九九年、三六ページ

(49) 前掲『近現代史教育の改革』一六〇ページ
(50) 前掲「「議論の文化」と教室ディベート」一一ページ
(51) 矢野善郎「「価値分節型ディベート」による社会科学教育――「三つどもえディベート」にみるディベート教育の更なる可能性」「スピーチ・コミュニケーション教育」第十九号、日本コミュニケーション学会、二〇〇六年、四七ページ
(52) 藤岡信勝編著『侵略か自衛か「大東亜戦争」白熱のディベート』(徳間文庫 教養シリーズ)、徳間書店、一九九七年、四ページ
(53) 同書六―七ページ
(54) 池田久美子は、安藤豊の「敗戦で日本はよくなった」「日本は敗戦によってよくなっていない」という二つの立場のディベートを批判する。このディベートの問題点は、前提として「負けてよかった」言説を「克服」する目的にある。さらに、前提としてすでにある特定の対象(可能世界)が恣意的に選定されている。「その結果、歴史的事実に誠実に正対することが出来なくなる。これは、望ましい思考の状態だろうか」とし、「ディベートは、次のような不誠実な思考を生徒にしいている。〈相手に勝つという自己の目的のためには、目的達成に都合がいい事実だけをつまみ食いすることが許される。逆に都合の悪い事実は出来るだけ避ければいい〉という思考である」と厳しく批判する。こうした批判は一定程度反省的に受け止められ、その後、教育出版での「ディベート本」が低調になっていった(池田久美子「自己正当化の「if」――吉永潤氏らの「歴史 if」の論法」、宇佐美寛/池田久美子『「近現代史の授業改革」批判』所収、黎明書房、一九九七年、一六七、一七一ページ)。
また、佐貫浩と神原昭彦は、ディベートが「通念とは反対の命題」を扱うことは問題ないが、歴史学でも特殊な少数意見を扱うことによって、二大通説の一つのように「復権」され、それを根拠付け

る学習にどれだけ指導効果があるのか、と疑問を呈している（佐貫浩／神原昭彦「藤岡信勝氏のディベート論について」、前掲『近現代史の真実は何か』所収、二二七ページ）。

(55) 引用内の安藤豊の発言は、前掲『歴史ディベート「大東亜戦争は自衛戦争であった」』二六九ページに掲載されている。

(56) 今野日出晴「「歴史ディベート」の問題性」、斉藤規／今野日出晴編著『迷走する〈ディベート授業〉――開かれた社会認識を教室に』所収、同時代社、一九九八年、八九ページ

(57) 板垣竜太「〈嫌韓流〉の解剖ツール」、田中宏／板垣竜太編『日韓新たな始まりのための二十章』所収、岩波書店、二〇〇七年、一〇―一一ページ

(58) 佐瀬昌盛「永野発言と国際感覚」「諸君！」一九九四年七月号、文藝春秋、一六二、一六七ページ。この指摘は能川元一の前掲「「歴史戦」の誕生と展開」九ページで引用されたのをきっかけに知った。

(59) 渡部淳「ディベートで何が可能か」「世界」一九九七年五月号、岩波書店、二九五ページ

(60) 前掲『日本をディベートする』一九ページ

(61) 前掲『韓国とディベートする』四六―四七ページ

(62) 切通理作「社会の液状化に抗う力は？ 藤岡信勝氏と小林よしのり氏の戦争観を巡って」「世界」一九九七年四月号、岩波書店、九〇ページ

(63) 桜井誠『嫌韓流反日妄言撃退マニュアル――実践ハンドブック』（晋遊舎ムック）、晋遊舎、二〇〇六年

(64) 桜井誠『嫌韓流実践ハンドブック2 反日妄言半島炎上編』（晋遊舎ムック）、晋遊舎、二〇〇六年

(65) 近年、「逆張り」のパターンも見られる。榎本博明による新書『ディベートが苦手、だから日本人はすごい』（〔朝日新書〕、朝日新聞出版、二〇一四年）では、「抑制」や「つつましさ」「思いやり」

の美徳がディベートなどの欧米とは異なる日本固有の文化として崇められている。
(66) 前掲「「歴史戦」の誕生と展開」二四―二五ページ

第3章　「保守論壇」の変容と読者の教育——顕在化する論壇への参加者

前章まで、歴史修正主義が教科書メディアをめぐる政治運動とメディア市場領域の連動のなかで顕在化してきたこと、それらが「メディア知識人」によって担われてきたこと、そこにある種の「アマチュアリズム」と「歴史を媒介にしたイデオロギー闘争」、それを支える内部整合性を保つ手法があることを指摘してきた（第1章）。そして、歴史修正主義の思考のルーツの一つとして、「説得性」にこだわる「歴史ディベート」が、教育学や自己啓発メディア市場で媒介・普及されてきたことを確認した。さらに、以上は同じ時期に登場した動きであり、「論破」を目的とする「マニュアル本化」が大衆による論戦参加のハードルを低くしたのではないか、という点も検討した（第2章）。

自己啓発書のような一般書籍に媒介されたディベートという「ゲーム」のあり方が初期に見られたが、序章と第1章で見たように、同時期に「アマチュア」の「メディア知識人」は、「保守論壇」にも盛んに寄稿をしていた。保守論壇とはどのような形式をもつ媒体であり、どのように思想を普及・展開する土壌を構築していったのか。

現代の読者には「雑誌」という文化はなじみが薄いかもしれない。しかし、インターネットが普及する以前の社会では、雑誌は重要なメディアだった。若者文化のなかでは、購買雑誌の選択がアイデンティティのよりどころにもなっていた。とりわけ、読者投稿欄は読者と編集者、あるいは読者同士をつなぐ重要な場だった。また雑誌は定期刊行であるため、共同体の持続性も確保されていた。[1] 特に、インターネット利用者が増大する直前の一九九〇年代は、「論壇誌」と呼ばれる雑誌群が一定程度影響力をもちえた最後の時代かもしれない。ここではこうした視点を意識しながら「論壇誌」を分析対象とする。

本章では、代表的な保守論壇誌である産経新聞社の「正論」を取り上げ、その変遷過程を追う。結果として得られる知見は大きく分けて、第一に、論壇の「サブカルチャー」化、第二に、読者を自覚的に「教育」し、商業的に巻き込んでいく過程である。議論を先取りすれば、保守論壇誌である「正論」はほかの論壇誌とは異なり、読者の声を重視する。読者との蜜月的な循環構造を作ることで同じ論理を共有する仕組みを構築していった。その手法と過程を検討するのが本章の目的である。

本章の問題意識

二〇一〇年代に入り、「論壇」をめぐる研究が増えてきている。[2] とはいえ、これまでの同研究分野の蓄積は、依然として少ないことも指摘されている。[3] とりわけ、これまでの研究では「論壇」の成立期と特定の媒体のマクロな変化を、特集のテーマや知識人の動向、創刊時の歴史経緯に着目して言及する傾向にあり、(4) そして、対象時期も成立時期から一九七〇年代までに限られ、現代史として記述されるものが中心である。(5)

他方、近年の「論壇」に着目する研究はほとんど存在しないが、二〇〇〇年代に焦点を当てた検討は徐々に登場してきている。(6) それらは、現在の右派や保守論壇の言説と排外主義（ヘイトスピーチ）との関連で論じられている。すでに述べたように、現在の歴史修正主義や排外主義運動の動員の背景にあるサブカルチャーは、保守論壇誌と参照関係にあり、かつ排外主義が運動への動員の言説機会として近隣諸国との歴史認識問題など一九九〇年代中盤以降に保守論壇で取り上げられた話題を利用していると分析されている。確かに、アジア諸国への敵対的言説（近隣諸国との摩擦論）が、論壇誌やサブカルチャーに現れる時期はそろっている。(7)

そのように見れば、論壇誌研究と保守言説研究で一九九〇年代という時代は現在に連なる保守言説のあり方を検討する際の重要な参照軸である。しかしながら、九〇年代の「論壇」を中心に扱った論考は管見のかぎり存在しない。と同時に、いわゆる総合誌・論壇誌というカテゴリーで、九〇年代は保守論壇誌が、「中央公論」（反省社―中央公論社―中央公論新社）のような戦前から続く総合誌を凌駕する発行部数を誇っていた時期だが、この理由の解明は未着手の状態である。

では、歴史修正主義が台頭する一九九〇年代の保守論壇誌は、どのような形式をもつ媒体であり、どのように思想を展開する土壌を構築していったのか。

本章では、この問いに対して、論壇で「論壇」に言及する言説と現存する保守論壇誌「正論」を中心的な検討対象として、その質的変化を抽出する。なぜ「正論」なのか。「正論」を取り上げる理由は、一九九〇年代歴史修正主義の議論をリードした産経新聞社系列の総合誌・オピニオン雑誌で、九〇年代から二〇〇〇年代半ばに発行部数の全盛期を迎えた雑誌であり、かつ現存するため、通時的変化を追い求められること、さらに、当時併存した論壇誌・総合誌のなかでは最も「論壇」に自覚的に言及したメディアだからである（後述）。

以降、言説の存在様式としてのメディアが、社会のなかで制度や空間配置などを利用してどのような位置取りをし（メディアの社会編成）、言説形成の過程でどのような機能を果たしたのかを問いの中心に据えて対象を検討していく。[8] 具体的には、何が書かれたかという内容もさることながら、どこに何が配置されているのかという「形式」に着目し、保守論壇メディアが情報を存在させる様式を考える。

第1節では、論壇を分析する視座としてのメディア論のアプローチをまとめたうえで、一九九〇年代の事例を検討していく。とりわけ、「論壇」が「自己言及」を実践する再帰的システムであることを抽出し、九〇年代に最も自覚的に論壇に言及した大塚英志（マンガ編集者・原作者、批評家）の言説を取り上げる。大塚への着眼は、すでに多くの検討がなされてきた大塚の思想史を追認するためではなく、大塚が論壇という「場」への視座をもちえていた点で重要であるためである。第2節では、「読者」に焦点を当てて、論壇の自己言及に読者が参与していく様子を読者投稿欄に着目して記述する。そして、背景になっている情報を適宜参照し、かつ大塚の指摘を批判しながら、同時期の「論壇」の実践がどのようなものか検討する。

以上、本章は、一九九〇年代に、サブカルチャーまたはアンダーグラウンドカルチャーへと接近したものの、メディアの形式としては「論壇（＝正統性のある高級文化）」であり続ける社会的規範のなかで、自覚的に読者を「教育」し、商業的に巻き込んでいく論壇の姿を抽出する。

1　「論壇」の輪郭と「論壇」の問い直し

「論壇」メディア論

一九九〇年代の「論壇」の形式を問うに際して、まず「論壇」と呼ばれるものに確固たる定義があるわけではないという難点に突き当たる。しかし、それがいわゆる学会ではないこと、「文学」でないことには了解がある。すなわち、「論壇」とは、明確な定義はないまでも、文化生産者による自律的な評価（＝ギルド的評価）を重要視する学問や芸術とは性格が異なる「言論」のあり方を指すとあらかじめ判断できる。

多くの場合、「論壇」と言えば、A5判・平綴じの「総合雑誌」と呼ばれる雑誌ジャーナリズムに掲載されるものをイメージするだろう。すなわち、「論壇」と呼ばれるものは、流通する商品として存在することになる。しかし、その書き手にアカデミズム出身者が多いことから、論壇誌は「知識人」や「戦後の教養」といった視点から言及されることが多かった（典型例が竹内洋）。

アカデミズム出身者の寄稿は、雑誌ジャーナリズムが定着した一九三〇年代からいまなお続く。

日本の高等教育改革が一九一八年に始まり、以降二十年の間に大学数は九倍にも増える（大学数四→大学数四十五）といった背景が、「知的なもの」の大衆化を推し進め、ジャーナリズムの供給と書き手の需要を高めていく。こうした流れのなかで、大学人とジャーナリズムを接合し、制度化していった初期総合雑誌が生まれる。「中央公論」がその最初期にあたる（一八九九年創刊）。とりわけ、大学教員だった吉野作造が大正期に寄稿したのをきっかけにアカデミズムからジャーナリズムに寄稿する書き手が増えたとされている。そして、三〇年代の「円本」ブームで出版界は活況を呈し、多くの書き手を必要とした。これによって、大学知識人に対して「ジャーナリズムにおける評価」という新しい基準を導入することになった。(9)

すなわち、総合雑誌の「論壇」で、ピエール・ブルデューが言うところの、商業的価値が重視され、文化消費者の評価に価値を置く「大量文化界」が成立していく。これと対立するのが文化生産者の評価を重要視する自律的空間である「限定文化界」である。竹内洋はこの図式を発展させ、二つの界の合流地点にある「論壇」はより正確には「中間文化界」と呼べるものだと指摘している。(10)

以上のまとめは妥当と言えるが、すでに述べたように、これまでの指摘は、特定の知識人や「論壇で何が語られたか」ということに着目することが多いため、「論壇」を雑誌ジャーナリズムの言論として自明視する、あるいは無定義に「論壇誌」と呼ばれる雑誌を扱う研究が多い。(11)そして、それを知的なものの所在の変遷を問う指標として見る傾向が強い。

しかし、こうしたものの見方は論壇誌をめぐるある側面しか捉えていない。すなわち、教養主義的アプローチは、言論の存在様式としての「論壇」がどのような性質のものか解明できていないばかりでなく、「論壇」がどのような商業空間の力学（出版文化など）のなかに位置するのかもまた明確にできていない。ユルゲン・ハーバーマスの議論を借りれば、そうした商業的媒介は、一方で言論を公権力からの自由を獲得し、「一般に近づきうるもの」にしたが、他方で消費物にもした。[12]もし消費物であるのならば、検討されるべきは、言論・言説の存在様式＝メディアを支える社会的編成のあり方ではないか。

この点に関し、一定の回答を与えているのが大澤聡である。言論が「商品」である以上、その言論は、読者の反応を意識したものとなり、言論の中身も、言論を入れる外的価値も特定のフォーマットに編集（編輯）されたものとなる。そして、出版が大衆化するとその言論を追いきれなくなるため言論ダイジェスト（レジュメ）としての「論壇時評」が作られていく。[13]

ただし、そこでは同時に、「論壇」自体が自己言及の対象にもなっていく。「論壇時評」が「論壇」の不定形な輪郭を描く。すなわち論壇誌は、存立初期の時点から、常に「再帰的」なメディアであり、常にメンテナンスを期待されるメディアであった。大澤は、「それゆえに、論壇の自画像はどこまでも相対的で暫定的なものにとどまるだろう」[14]とその性格を言い当てている。言い換えれば、論壇について論壇で語ることが論壇的事象であり、そこで語られている人物が論壇構成員となる。そして、その内部外部の差異、ジャンルの壁を自己言及的に取り払い、「綜合」していくのが日本の論壇誌の性格的特徴である。

一九九〇年代「論壇」への自己言及

さて、話は戻るが、「論壇」はメディア形式として、常に「自己言及」「再帰性」「メンテナンス」の可能性に開かれている性質の「言論空間」だった。では、先に見たように大澤が検討した一九三〇年代と現在は形式上違うものになっているだろうか。そんなことはない。現在でも「論壇時評」は新聞、雑誌で継続され続けている。他方で、マスコミ報道については雑誌ジャーナリズムが批評をするという「コミュニケーションの様相」に対するコミュニケーションもまた継続されている。

ならば、本章の対象である一九九〇年代「論壇」はどのように問い直されたのだろうか。ここではまず九〇年代から二〇〇〇年代初頭に「論壇」という場のあり方に意識的に言及した大塚英志の言説から状況を検討してみたい。

なぜ大塚なのか。大塚は一九八〇年代末にいわゆる総合雑誌・論壇誌に執筆を始めたマンガ編集者・原作者であり、評論家である。大塚の言説が重要であるのは、まず、九〇年代から二〇〇〇年頃に最も多くの「論壇論」を「論壇」で執筆した人物であり、第二に、連載を含む原稿の執筆本数でも最も多く書いた批評家の一人であるためである（例えば、この時期に限定すれば「つくる会」の西尾幹二と数量上、大差がない）。そして第三に、従来の「論壇」の執筆者といえば、大学教員、ジャーナリストが中心だったのに対して、大塚がマンガ編集者・原作者というサブカルチャー出身の書き手だったからである。とりわけ、（後述するが）最後の理由について、大塚が「論壇」の外部の存在だったために捉えることができた違和感が、「論壇」を相対化する視座をもたらした点で重要である。[15]

では、大塚はどのように「論壇」を語ったのか。

これを検討していくために、引き合いに出しておきたいのは「読売新聞」の記事である。「読売新聞」は一九九五年、九六年に論壇誌をめぐる記事を四度掲載している（一九九五年八月三十日、十一月二十七日、二十八日、一九九六年十一月二十三日）。いずれも戦後知識人と戦後論壇の論点を軸に、「論壇」の力の低下を認め、復権が求められている、という論調である。そして、「いずれも、そうしたなかで進歩派の退潮が進み、保守・現実派の論調が優勢になってきた（略）その背景として、大学紛争後のシラケ・ムード、経済発展と社会の成熟による人々の脱政治化、テレビなど他メディアの隆盛――といった要因が考えられる。また進歩派の後退には、ソ連や中国の実態が明らかになり、社会主義（国）へのあこがれが希薄化したことも大きく作用しているだろう」（「読売新聞」一九九五年八月三十日付）と記載している。

しかし、同時期に執筆を続けていた大塚英志が感じていたことは、そうした社会情勢と論壇の関係ではない。ある種の「論壇」の気味の悪さである。それは「プロとアマの境界が一番ボーダレスな場所だったんですね。（略）わりと手を抜いて書けて、実はお前は誰かって問われないで入れちゃうのは論壇じゃん、みたいな」[16]（傍点は引用者）という自身を含めた書き手の立場の曖昧さにある。

そして、この曖昧さは、大塚がフリーランスのマンガ編集者だったことに由来する。編集者・大塚英志にとって、論壇誌は「発行部数一つとってもどちらかと言えばカルト誌に近い[17]」媒体であり、なおかつ赤字採算(出版社による赤字補塡)であることが大塚には大きな疑問だった。大塚はこう述べる。

確かに言論や文学というものは金銭に換算出来ない価値がある(略)けれども資本主義という社会システムの中で大半の表現が経済原則の中で否応なく淘汰されていく中でそのルールの適応外という特権を手に入れられるにはやはりそれなりの根拠が必要であるとぼくは思う。ぼくが何より「論壇」に問いたいのは実はこの点だ。(略)そもそも雑誌として採算を失うということは売れない、ということであり、それは読者との関わりを失うことを具体的には意味する。[18]

すなわち、大塚にとって、一九九〇年代の論壇はすでに「特権」を失って見えるにもかかわらず、かつ「読者」のいない論壇誌がいまなおさも特権があるかのように振る舞うことができる理由はなにか、という点が重要な問いとなっている。

大塚が経済的観点から「違和感」を述べることができたことについては、「ぼくがサブカルチャーの作り手として読者に支持されなかったら即連載打ち切りという業界で日々生きていたからかもしれない[19]」という述懐からも理解できるだろう。以上のように、論壇誌を経済的視点からみる大塚の立場は、「現在論壇で何が語られているか」を焦点とするほかの「論壇時評」と決定的に異なる。

もちろん、大塚がこのように語るのは彼の出自だけが理由とは言い難い。一九八〇年代末に「雑高書低」になった日本の出版界は、キヨスクルートやコンビニエンスストア（CVS）など、販売ルートの変化を経験し、販路も販売速度も大きく変化する。[20] その過程で、いわゆる「硬派系」と呼ばれた雑誌ジャーナリズムは旧来の論壇誌に限らず、「Bart」（集英社、一九九一年創刊、公称十一万部）、「Views」（講談社、一九九一年創刊、公称十一万部）、「This is 読売」（読売新聞社、一九九〇年創刊、公称十万部）、「SAPIO」（一九八九年創刊、公称二十万部）、「マルコポーロ」（一九九一年創刊、公称二十万部）など、CVS販売で三十代男性をターゲットとしたA4変型判のページが少ない「国際派ビジネスマン向け」「国際情報誌」の月刊または隔週刊のビジュアルマガジンを登場させた。[21] すなわち、九〇年代は、新しいメディア形態に移行し、「論壇」そのものが多様化していった時代とも考えられる。そして、商業性が強いルートに硬派雑誌ジャーナリズムが進出したことによって、雑誌メディア全体への文化消費者による評価の価値が相対的に増した、と言える。だが、右に挙げた硬派系ビジュアルマガジンも九六年以降は「SAPIO」を除いて軒並み廃刊になり、市場論理によって淘汰されていった。

こうした雑誌群の出版環境のなかで、フリーの編集者だった大塚にとって、大手出版社の論壇誌ほど経済的に不効率な生産（原稿料が高い、社員編集者が多い、など）をおこなっている雑誌はほかにないように見えたのは当然だろう。[22]

論壇のサブカルチャー化？

出版環境をめぐる文脈のなかで、論壇は経済論理から免れる「特権」を有していたか。大塚はその特権の根拠に一定程度違和感を抱いていた。それを前提に大塚は論壇の変節を指摘している。大塚の感性からすれば、一九九〇年代の論壇は「サブカルチャー」と捉えられ、かつそれは彼にとって「気持ち悪さ」を抱かせるものだった。[23] 大塚の文章や語りは断片的に展開されているので、「サブカルチャー」[24] に対する明確な定義があるわけではないが、その違和をまとめると、①ルーツや文脈を保持せず、②そのために、記事単体で消費できる「雑報」的（ロラン・バルト）なものであることを指している。ここでは、大塚の説明が「サブカルチャー」という言葉の本質を言い当てているかどうかはいったん棚上げしておく。むしろ、大塚が「サブカルチャー」という言葉を使って論壇の何を説明しようとしたのかが重要である。

大塚は「論壇」を「サブカル」と喝破し、どのように語ったのか。大塚は、「おたく系文化人」が出自を問われず専門外のことを言論にすることができる論壇誌の環境は、「おたくでも入り込めるほどに敷居が低」く、その理由を「ここがサブカルでしかないからである」[25] と述べる。大塚にとってその典型例は、一九九六年に「慰安婦」問題をマンガにし、廃刊寸前の「SAPIO」を救った小林よしのりの論壇への参入である。[26] 大塚は小林を指して、「小林さんという身体自体がサブカルチャー化した論壇とか、サブカルチャー化した事態の象徴みたいなもの」[27] と述べ、彼の論壇進出を「論壇の戯画」[28] として受け取っている。すなわち、大塚は「おたく」「サブカル」「マンガ」が論壇に入っていけるほど、論壇の価値は失墜していると感じていた。それは、第1章でも見たように「アマチュア」でもその出自を問わない、という論壇の性格を説明していると言える。

そして、同時にそれでも「論壇」が世論をリードしてしまっている現状への危惧を語っている。前述のように「論壇」を捉える大塚は、小林が参入していった教科書批判と歴史修正主義の運動を危ういものとして何度も繰り返し言及する。大塚が指摘するのは、歴史修正主義が、単なる歴史教科書への違和感を発端に屈託なく従来の保守の言葉と節合（articulation）してしまい、かつ小林と簡単に合流し、言論の消費物化が加速する危険性への無頓着さだった。[29] 彼は、そのために「小林よしのりが語っているのは言論ではなく、サブカルとしてのまんが[30]」であり、「小林さんは教科書批判あきちゃったら別の場所に行く[31]」と保守論壇の傾向を批判する。歴史の後知恵を利用して考えれば、これは慧眼だったことがわかる。事実、小林は「つくる会」からは離れていったからだ。こうした論壇の実態を、大塚は「際物」「サブカル」「トンデモ本」「雑報」と手厳しい言葉で繰り返し批判した（そのために、西尾幹二や大月隆寛を激高させることになる）。

ここまで大塚が「論壇」に対して語ってきたことをまとめると、読者がいないにもかかわらず「論壇」が特権を保持し続けている根拠は今日あるのかという関心に対し、論壇の現状はアマチュアでも入っていけるほど「サブカル」状態になっているにもかかわらず、「論壇」と呼ばれているものがいまだに特権をもっているかのように扱われ、それが人々の世論をリードする（＝メディアに多く出て、知識人として振る舞う）危険性がある、という趣旨になるだろう。そのために、大塚は

「公共の場として論壇の再生」を随所で主張する。[32]

では、具体的に大塚はどのようにして「論壇の再生」がありうると考えたのか。大塚は、それを一つの方法で実践してみせた。二〇〇一年「中央公論」十月号（中央公論新社）で、彼は編集に介入し、「読者参加型企画　夢の憲法前文を作ろう」という特集を立ち上げて話題になった。この企画から見て取れるように、読者がいない、読者が見えない論壇に対して、読者に届く言論として、そのコミュニケーションの帰結（＝言論が届いた読者の姿）を提示することが大塚の採った方法だった。なぜこのような手法を採用したのか。彼は、マンガ編集者時代から読者欄の充実に取り組んでいて、[33]かつ論壇誌でも成功例があったからである。大塚は他誌を参照してこう述べている。

『正論』の部数が上を向いてきたのと同誌の巻末の読者投稿欄の充実は、僕の印象では、比例しているように思えるのだ。

他誌が投書欄を申し訳程度に二、三頁掲載しているのに対し、同誌だけはスペースも雑誌の総頁数の一割以上を占める。[34]

事実、大塚の指摘のとおり、「正論」は大塚が論じた二〇〇一年前後に、過去最高の発行部数に到達している（それでも公称十五万部なのだが）。総合誌・論壇誌というジャンルの雑誌が軒並み販売部数を下げ、廃刊していくなかで、唯一右肩上がりだったのが産経新聞社の「正論」だった。

ならば、一九九〇年代を代表する保守論壇誌「正論」は、どのような「言論の場」として機能したのか。

2　読者の「教育」――読者コーナーのメディア論

読者コーナー一〇%の形式――読者投稿欄で何がおこなわれたのか

「正論」の公称発行部数は、一九九〇年代初頭に十万部台に乗り、二〇〇四年まで十五万部ほどになっている。[35]この好調期は、すでに数多くの指摘があるように大島信三が編集長だった時期（一九九〇―二〇〇六年）ときれいに重なっている。彼が編集長だった時期、すなわち冷戦構造崩壊以降の一九九〇年代保守論壇の言説は、中国・北朝鮮などの近隣諸国問題、「慰安婦」問題、歴史修正主義、反日言説、反左翼言説などが中心だった。[36]しかし、その一方で掲載される言説内容は、「はじめに」でも示したように、のちに「事実に基づかない」[37]「愚者の楽園」[38]「空想」[39]「脳内『大東亜戦争』[40]」と評されていくきっかけとなっている。

さて、前節で見たとおり大塚は、二〇〇一年の段階で読者投稿欄の充実を指摘しているが、実際には一九九八年の段階で、「正論」の読者投稿コーナーの総ページ数が全約四百ページのうち一〇%に到達している。その形式はほかの論壇誌とまったく異なる様相を示している。

では、「正論」の読者投稿のコーナーは、どのような変化の道を歩んだのか。「正論」の読者コーナーは大島が編集長に着任すると同時に設置された。まず、それまで編集後記の横に掲載されていた読者の声を、一九九〇年六月号からは「読者の指定席」(六百字の読者投稿)として設置し、徐々に拡大し、二〇〇六年三月号まで継続する。それだけではなく、一九九三年十二月号から「編集者へ、編集者から」(読者—編集者対話コーナー)、二〇〇〇年十月号から読者の疑問に執筆者・読者・編集者が応答するコーナーである「ハイ、せいろん調査室です」を設置し、これら三コーナーで五十ページを超えることも少なくなかった。

これらのコーナーは人気を得たようで、一九九二年七月号では百通前後の投書があると編集後記でふれている。一九九三年に読者コーナーを増設したのも、こうした投書の増加にあると考えられる。九四年には特定のテーマに投稿が集中したときは「投稿特集」として扱い始める。そして、一九九五年十一月号編集後記では「三年前と比べて二倍は増えている」と述べていて、好調ぶりがうかがえる。

読者投稿は、「掲載論文への感想・賞賛・異論」「読者の体験記・日常の出来事」「編集への異論」「投稿欄への自己言及」「投稿欄内の読者同士の論争」という五つの傾向に分類することができる。

これに加えて他誌に類を見ないこの読者コーナーの特徴は、編集後記と「読者の指定席」の末尾に大島編集長の「投稿を読み終えて」という投稿への反応・応答をつけている点である。大島はこのコーナーを利用して、思い付く企画を柔軟に試している。例えば、投稿テーマを決めて募集をしたり、「同じテーマの投稿が集まったときは、特別編をつくりましょう」(一九九五年十二月号)と投稿を促したり、特定の投稿者を何度も取り上げたりさまざまなことをする。とりわけ、一九九五年九月号からは、「読者の指定席」の最後に掲載される読者投稿へのリプライを「投稿を読み終えて」に掲載する方式を多用する。こうして見開き二ページにわたって右ページの投稿と左ページの編集長の言葉を、ちょうど応答関係になるように配置することになった。以後、この対話形式でコーナーは安定する。

顕在化する「読者」

もちろん、こうした「投稿」は編集者の取捨選択によって成り立っている。方法次第でこのコーナーだけでなく雑誌全体の立場や方向性を示すことも可能だろう。では、大島は読者投稿の取捨選択や投稿者との対話形式を用いることで何をおこなっていたのか。要約すれば、次の三点が指摘できるだろう。①読者投稿と誌面編成の循環、②読者投稿の独立コンテンツ化、③投稿者・読者の教育である。

①読者投稿と誌面編成の循環

大島は、一九九四年一月号で、読者投稿を独立した特集として掲載したことを公表し、かつテーマを募集し始める。このようにして、読者投稿を積極的に論壇誌のコンテンツとして取り入れ、読者投稿と誌面のコンテンツは常に循環関係をもって扱われることになる。

一九九四年十二月号では、「埴生正見氏の「元小学校の記録——貶められた日の丸」に関する投稿が十通を超えました。／実はあの長文の原稿は、本欄への投稿をみて、埴生氏に執筆を依頼したものです。四百字原稿用紙一・五枚の文章が三十枚となって読者の心をどよめかした」と読者投稿由来の依頼原稿を掲載する。そして、これをきっかけに次号の投稿テーマは「校長から見た教育現場」として関連性をもたせた募集を読者に投げかけている。

同様に、「林健太郎氏と小堀桂一郎氏の侵略戦争論争も、いわば読者投稿が発端となっています」（一九九五年九月号）、「同じテーマの投稿が集まったときは、特別編をつくりましょう」（一九九五年十二月号）と何度となく読者投稿をあおり、誌面構成のきっかけとして用いることを試みている。

付言すると、この「読者の指定席」（一九九七年一月号）で「デビュー」し、南京「百人斬り訴訟」（二〇〇三―〇五年）の原告側主任弁護士を務めたのは稲田朋美である。そして、周知のように彼女は自民党政調会長、さらには防衛大臣にもなった。「保守ハガキ職人」のシンデレラ・ストーリーである。

②読者投稿の独立コンテンツ化

読者と編集者の交流を深めていく姿勢は、「読者の指定席」それ自体を独立・自律したコンテンツとして活用する姿に現れている。

第一に、大島は、「読者投稿」への言及と論争を読者投稿欄で演出する。一九九五年九月号には、「『読者の指定席』は『正論』の翼賛会」という読者投稿欄への批判的意見を取り上げ、次号と次々号でこの投稿への異論・反論を掲載する。

同様に、「読者投稿は社の方針に沿うべきではないか」（一九九七年三月号）という意見を掲載し、次号で関連投稿を掲載する。これに対し、大島は『読者の指定席』は読者の意見の公開の場であり、本誌の編集方針を示すところではない」（一九九七年四月号）ことや、「本欄ではこれまで掲載論文に批判的な意見を意識して取り上げてきたこと（一九九五年九月号）を述べ、ここが読者の議論の場として独立した「アジール（=言論の自由空間）」であることを強調している。そして、「これからも論戦を仕掛けましょう」（一九九五年十一月号）と読者をあおっている。

第二に、読者投稿欄の活性化手段をも読者投稿に委ねている。一九九八年九月号では、「このところ、「読者の指定席」への投稿が以前ほど多くありません。（略）もう一度、「指定席」に活況を呼び込むにはどうしたらいいのか。なにかいい案がございましたら、教えて下さい」と読者に呼びかけ、次号でこの呼びかけに八人からリプライがあったことを紹介する（そのうち二本を掲載）。

以上のような試みによって、絶えず熱心な読者を作り出し、読者を可視化していった。そうした手法で、読者投稿が論壇に付随的なものではなく、「独立した／自律したコンテンツ」として読者に消費される仕組みを構築していった。(41)

また、大島はそれをある程度意識的におこなっている。大島は、一九九一年四月号編集後記「編集室で」では、「〔世論について：引用者注〕テレビよりもはるかに影響力があるのは大新聞の投書欄である。投書を選択する担当者は誰にも悟られず、かつ思いのままに他者の意見を用いて読者に訴えることが可能である」と述べている。すなわち、編集者にとって「読者」を選択することそれ

自体が「編集」となるメディアの形式を自覚的に論壇誌にも適用しているのは間違いないだろう。(42)

③投稿者・読者の教育

以上のように編集―読者の関係を構築しながら、対話だけではなく読者・投稿者を「教育」する機能も担ったのが、この欄の特徴である。他誌への二重投稿の禁止の呼びかけに始まり(一九九二年七月号、一九九三年七月号、一九九四年四月号など)、「編集者というのは、なかなか隅に置けない人種ですから要注意。はっきりいって、初めての投稿者を優遇したい。ときどき「初めて投稿します」と書いてくる人がいます。あれは正解。二度でも、三度でも採用されるまで、この殺し文句は使ってよろしいでしょう」(一九九六年四月号)、「名文を書こう、「正論」誌への投稿だから、それらしい内容にしよう、などと意識してか、肩に力を入れすぎた投稿があります」(一九九七年十一月号)といった具体的なアドバイスや、「九月号で紹介しましたが、この会の学生十三人が集団投稿をしてきました。(略)ただ、いつも全員ボツになってはアイデア倒れ。そこで採用される工夫が必要です。みなさんの文章はかたい。血が通っていない。/まず肩の力を抜くこと。自分の恋人に語りかけるように文章に艶を持たせること。抽象的な言葉を少なくして自分の体験をさりげなく差し込むこと。身近な問題を取り上げること」(二〇〇〇年二月号)など、投稿が掲載されるための「知のトレーニング」としてこの場を位置付け、「ときには有能な新人、あるいは読者の寄稿文も載せて、論壇登竜門の一助になれば」(一九九八年十一月号)と考えていたことがうかがい知れる。

考察――保守論壇の変容

以上のような大島信三編集長が確立した読者投稿のスタイルは、編集―読者の共犯的サイクル（読者が気になっている話題を直接誌面に反映させる）を生成し、なおかつ読者投稿自体を独立したコンテンツとして熱心な読者を取り込み、活性化させるために、対話と教育を施す編集手段だった。では、「論壇」や「言論」の力が低下したと評される一九九〇年代で、大塚や「正論」の実践はどのようなものか。最後にこの点を検討しよう。

そもそも、大塚は「公共の場としての論壇」の再生を主張していた。しかし、彼がおこなった読者参加型の企画は、いわゆる商業出版の分野で彼が実践してきたことの論壇版だったということができるだろう。大塚の実践は、商業的淘汰の適応外になる「特権」の根拠を、商業的手法（読者の参加）によって求めようとする行為である。すなわち、書く読者、語る読者の形成によって商業的淘汰の適応外になる論壇の重要性を主張したと解釈することができるだろう。

このような大塚や大島の実践手法をオリジナルと捉えられるかと言えば、そうではないだろう。「雑高書低」となる一九八〇年代の出版市況で、商業出版では「読者投稿」の「自律コンテンツ化」という現象は数多く起きていた。例えば、八五年に「宝島」（宝島社）に「VOW」のコーナー（読者による写真投稿）が設置され、八七年には単行本化される。「週刊少年ジャンプ」（集英社）では、『ジャンプ放送局』(43)（一九八二―九五年）が八四年にコミックス化されている。糸井重里の『萬流コピー塾』(44)（一九八四年）、中島梓の『小説道場』(45)（一九八六年）も読者投稿への添削を単行本化したし、ほかにも、「ファミコン通信」(アスキー)の「ファミ通町内会」、「SPA!」(扶桑社)の「バカはサイレンで泣く」もまた同じ時期に人気を博し、さらに八〇—九〇年の間続いた『ビートたけしのオールナイトニッポン』(ニッポン放送)で「ハガキ職人」が登場したように、雑誌やラジオなど比較的小規模メディアで同様の手法は数多く存在した。

すなわち、一九八〇年代には、「読者」を情報の受け手・消費者として位置付けるだけではなく、主体的な情報行動を伴う存在として、コンテンツの製作者の側に包摂していく潮流が生じていた。そうしたコンテクストで論壇誌で唯一読者を同様に用いたのが「正論」であり、同じ時期に部数を伸ばしていったのである。

だが、論壇は、前述のような「サブカルチャー」ではない。それにもかかわらず、この接点のようなものはどこにあったのか。そこで補助線として考えてみたいのは、(詳細は第4章で記述するが)やはり小林よしのりの手法である。小林よしのりは、『ゴーマニズム宣言』の初期(第十八章、一九九二年)から読者からの手紙を自身の作品で活用している。小林は「慰安婦」問題に言及した二回目で、「読者参加型でいく」と明言している(『新・ゴーマニズム宣言』第二十六章欄外上部小林コメント)。そして、同章の「オチ」で「さあ朝日新聞が正しいか?産経新聞が正しいか?/慰安婦がホントに〝従軍〟なのか?〝性奴隷〟なのか?(略)我々で結論を出そう!」と宣言する。ここでは、「我々」で結論を出す、すなわち当初から読者の意見を前提とした言論(空間)の作成を目指している。そして、小林もまた『ゴーマニスト大パーティー』(46)と題して、読者からの手紙を書籍としてスピンオフ作品化していった。

その小林を一九九七年に論壇に初めて起用したのが「正論」の大島だった。若い読者が増えていることについてふれ、「先日、漫画家の小林よしのり氏とあるパーティーでお会いする機会がありました。「サピオ」誌の氏の漫画と言論活動が直接、あるいは間接的に本誌にも影響していると思います」[47]と語っているように、当時の「正論」も小林の言論のあり方、運動のあり方にはいち早く反応していた。

このように論壇とサブカルチャーの接点を当時の動向から考えてみると、大塚の論壇を再生させる実践も「正論」の実践も、いわゆるサブカルチャー分野で醸成した手法を論壇のような比較的「高級文化」に近い分野に取り込んだと考えることができるだろう。

とはいえ、大塚は「論壇」がサブカルチャーになっていると指摘し、その論壇を再生するためにサブカルチャーの手法を援用することを試みた、とするのであれば、それは結局、大塚が「すでに論壇に特権はなく、サブカルチャーとして徹底してないならば、せめて市場論理に近いものになれ」と考えていたと捉えることもできる。

もしそうだとするならば、大塚の行為は両義性を抱えることになる。ハーバーマスの議論を引いたように、論壇の公共圏の拡大に市場は貢献するが、それを消費物に凋落させもするジレンマを抱えている。そのために、大塚が考える理念的な「公共の場としての論壇」への実践の評価も「正論」もこの両義性のうえで戦略的に展開されている。

サブカル的手法を提案しながらも、同時に大塚は「論壇の人」が人気者のように消費されることにもまた危惧を抱いていた[48]。とするのであれば、「論壇誌」が読者の取り込みをすることにどのような意味があるのだろうか。言い換えてみれば、「サブカルチャー」(の手法)と「論壇誌」が交わることにはどのような意味があるのか、という問いが生じる。

これに対しては、仮説的だが次のような解釈が可能だろう。それは、論壇誌がもつ規範性に関わる。ロジェ・シャルチエの「書物の秩序」という言葉を借りることができるだろう。すなわち、論壇がサブカル的な手法を用いることは、サブカル的メディア形式と「論壇」という伝統的パッケージの規範性とが、互いを支え合う関係を構成するようになったことを意味する。「読者の教育」が可能だったのも、内実はサブカル化しながらも、論壇という高級文化の装いがなせた業だろう。つまり、一方で大衆迎合的な「編集―読者共同体」が「教育」などの手法をとりながら取り入れられていき、他方で「論壇」というメディアの規範性がこの構図を支える事態になっていくということである。こうした規範性は、その言説の容器であるメディアが置かれている社会編成上の状況に関わるだろう。すなわち、正統性(legitimacy)が高いメディア(理性的な装いをもったメディア)が、大衆迎合的な手法を取り入れていった過程が同時期に現れる。そして、その担保されている正統性の高さこそ、言説の流通を後押ししていった。

おわりに

本章では、歴史修正主義が台頭する一九九〇年代保守論壇誌がどのような形式をもつ媒体であり、どのように思想を展開する土壌を構築していったのかという問いに対し、「論壇」のメディア形式に特徴的な自己言及性（＝再帰性）に着目したうえで、同時期に論壇論を書きまくった大塚英志の言説をもとに九〇年代の保守論壇のメディア形式を分析した。大塚は、論壇の特権性に疑問を抱き、論壇がアマチュアでも入り込めるほど「サブカルチャー化」していると論じた。彼が評価していた論壇誌「正論」の読者の取り込みは、ほかの論壇誌とは異なり人気コンテンツになるが、それもまた八〇年代後半のサブカル商業誌の手法を取り入れたものだった。論壇がサブカル的手法を用いることは、一方で論壇がもつ高級文化の規範性を延命させながら読者を得ていく手法だったと同時に、論壇を消費物にしていくという両義性のうえに成り立っている。これが本章で資料から導き出せた結論だった。

歴史修正主義がその言説を論壇誌を媒介として広めていく際に、「読者」による評価と、「読者の囲い込み」を増加させることで、メディアへの参加と集合的な知を形成していったのだ。あえて今風の言葉に置き換えるならば、インターネット登場以前の「正論」読者欄は、保守系の「アナログSNS」だったと言える。この比喩は、重要な要素を含んでいる。（ジャック・ランシエールの言葉にあったように）「信じえぬものの存在は不可能」ということを信じるためには、自分と同じ思想をもつ「狂信的《ファナティック》な他者」の存在が必要不可欠なのだ。「他者」の存在を通して、自己の思想を強固なものへと結晶化させていく回路がここにはある。

以上のように、保守論壇は「読者」を用いることでほかの論壇誌とは異なる性格の言論を作り上げ、同時期を生き抜いてきた。だが、歴史修正主義のメディア展開は保守論壇だけに限らない。大塚が保守論壇の「サブカルチャー」と化した「論壇の戯画」として注目した小林よしのりは、「SAPIO」という新興雑誌で、マンガによって政治言説を展開した。小林は、歴史修正主義のなかでも最も「異ジャンル」に位置する人物の一人である。では、小林はマンガをどのように描いたのか。そして、小林の読者はどのように歴史修正主義言説に「参加」していったのだろうか。次章ではそれを検討しよう。

注

（1）福間良明『「働く青年」と教養の戦後史――「人生雑誌」と読者のゆくえ』（筑摩選書）、筑摩書房、二〇一七年、二六ページ

（2）竹内洋『革新幻想の戦後史』（中央公論新社、二〇一一年）、上丸洋一『『諸君!』『正論』の研究――保守論壇はどう変容してきたか』（岩波書店、二〇一一年）、根津朝彦『戦後『中央公論』と「風流夢譚」事件――「論壇」・編集者の思想史』（日本経済評論社、二〇一三年）、竹内洋／佐藤卓己／稲垣恭子編『日本の論壇雑誌――教養メディアの盛衰』（創元社、二〇一四年）、大澤聡『批評メディア論――戦前期日本の論壇と文壇』（岩波書店、二〇一五年）などを参照。

（3）前掲『日本の論壇雑誌』三一二ページ

（4）回顧的研究が多いため、一九七〇年以降に登場する保守・右派・現実路線の「正論」はほぼ取り上げられることがない。二〇〇〇年代の研究でも同様である。この一因として、「正論」あるいは「産経新聞」の言説が学術的な支持を得ていないことと関係があるかもしれない。

(5) 田中紀行「論壇ジャーナリズムの成立」、青木保/川本三郎/筒井清忠/御厨貴/山折哲雄編『知識人』(「近代日本文化論」第四巻)所収、岩波書店、一九九九年、一九三ページ、奥武則『論壇の戦後史――一九四五―一九七〇』(平凡社新書)、平凡社、二〇〇七年、二二五ページ

(6) 前掲『日本型排外主義』、能川元一/早川タダノリ『憎悪の広告――右派系オピニオン誌「愛国」「嫌中・嫌韓」の系譜』合同出版、二〇一五年、参照

(7) 前掲『日本型排外主義』六七、一四三―一六二ページ、前掲『『諸君!』『正論』の研究』二七四―二九八ページ

(8) レジス・ドブレの言葉に倣ってメディア論の用語で言い換えれば、ここでは「メディオロジー(=高度な社会的機能を伝達作用の技術的構造との関わりにおいて扱う学問)」と呼べるアプローチを採用する。ドブレによるメディオロジーの説明は抽象的だが、言語論的展開以降の記号学(構造言語学)とコミュニケーション学の間を埋めるために、言表が組織化、制度化されていく過程(言説化されていく過程)を描くメディエーション(媒介作用、触媒行為)の事象を扱う学として提唱されている。言説を広めるための組織、制度、社会的環境、技術などの側面に着目する学と言える。

(9) 前掲「論壇ジャーナリズムの成立」一八〇―一八七ページ

(10) 前掲『日本の論壇雑誌』五ページ

(11) 前掲『『諸君!』『正論』の研究』、前掲『日本の論壇雑誌』、参照

(12) ユルゲン・ハーバーマス『公共性の構造転換――市民社会の一カテゴリーについての探究 第二版』細谷貞雄/山田正行訳、未来社、一九九四年、二一七―二二一ページ

(13) 前掲『批評メディア論』二二、四六―五五ページ

(14) 同書七〇ページ

(15)社会学者アルフレッド・シュッツは、「よその者」の指摘によって、コミュニティの実態が記述されることを分析している。すなわち、内集団は①整合性に欠け、②部分的にしか明晰ではなく、③矛盾から解放されていないが（＝実践できているが言語化できていない）、よその者は、別の認識枠組みをもつため、観察者となり、むしろコミュニティのあり方を正確に記述できる側面がある（「よそ者――社会心理学的一試論」渡部光訳、アーヴィッド・ブロダーセン編『アルフレッド・シュッツ著作集』第三巻所収、渡部光／那須壽／西原和久訳、マルジュ社、一九七六年、一三三―一五一ページ）。
(16)大塚英志／上野俊哉「サブカルおたくはなぜ保守と結びついたか」、「特集 現代・新・保守論壇を読む」「インパクション」第百六号、インパクト出版会、一九九八年、一二ページ
(17)大塚英志『戦後民主主義のリハビリテーション――論壇でぼくは何を語ったか』（角川文庫）、角川書店、二〇〇五年、一一ページ
(18)同書一五―一六ページ
(19)同書一六九ページ
(20)村上信明『出版流通とシステム――「量」に挑む出版取次』新文化通信社、一九八四年、同『出版流通図鑑――五十万アイテムの販売システム』新文化通信社、一九八八年、参照
(21)吉見俊哉は、一九八〇年代後半からの右派メディアが消費物として流通したこと、そして、それらはグローバル化と革新的な主張（特にフェミニズム）への反動を特徴としていると指摘している（吉見俊哉「雑誌メディアとナショナリズムの消費」『カルチュラル・ターン、文化の政治学へ』人文書院、二〇〇三年、二七四―二七六ページ）。
(22)大塚英志「「売れる論壇誌」と編集者に残された職能について」「論座」二〇〇〇年三月号、朝日新

聞社、一八〇―一八三ページ
(23) 大塚英志「「教科書批判」の客層」「This is 読売」一九九七年六月号、読売新聞社、前掲『戦後民主主義のリハビリテーション』、前掲「サブカルおたくはなぜ保守と結びついたか」、参照
(24) 前掲「サブカルおたくはなぜ保守と結びついたか」九―一四ページ
(25) 大塚英志「小林よしのり「ゴー宣」は醜悪な論壇の戯画」「諸君!」一九九八年二月号、文藝春秋、二一九ページ
(26) 倉橋耕平「〈「慰安婦」問題〉とマンガ――小林よしのり『新・ゴーマニズム宣言』のメディア社会学」、「女性・戦争・人権」学会誌編集委員会編「女性・戦争・人権」第十五号、行路社、二〇一七年、六三―八三ページ、参照。小林は、単にマンガという表現を使って社会問題に言論的に参入したのではない。ここにはメディア特性による表現を支える仕組みがある。『ゴーマニズム宣言』の単行本は、中身はマンガでありながら、一般書籍として社会に流通した。このことから、同書はベストセラーランキングに掲載され、彼の主張が社会に顕在化していったのである。これは第4章で言及する。
(27) 前掲「サブカルおたくはなぜ保守と結びついたか」一五ページ
(28) 前掲「小林よしのり「ゴー宣」は醜悪な論壇の戯画」参照
(29) 前掲「サブカルおたくはなぜ保守と結びついたか」一〇―一三ページ、前掲『戦後民主主義のリハビリテーション』一七―二〇ページ
(30) 前掲「小林よしのり「ゴー宣」は醜悪な論壇の戯画」二一八ページ
(31) 前掲「サブカルおたくはなぜ保守と結びついたか」一三ページ参照
(32) 大塚英志「「保守」は死んだか」「Voice」一九九九年八月号、PHP研究所、一九三ページ、大塚英志「論壇は「公論」を語る場たりうるか」「中央公論」二〇〇二年五月号、中央公論新社、二七八

―二八一ページ
(33) 前掲『戦後民主主義のリハビリテーション』一七二ページ
(34) 同書一七二ページ
(35) メディア・リサーチ・センター編『雑誌新聞総かたろぐ』一九九一―二〇〇四年版、メディア・リサーチ・センター、一九九一―二〇〇四年
(36) 前掲『日本型排外主義』一五〇―一五八ページ、前掲『『諸君!』『正論』の研究』二七四―二九八ページ
(37) 前掲『右傾化する日本政治』
(38) 山崎行太郎『保守論壇亡国論』K&Kプレス、二〇一三年
(39) 前掲『『諸君!』『正論』の研究』
(40) 前掲『憎悪の広告』
(41) 「私は『正論』が届くと、先ず『読者の指定席』に目を通す。日頃自分が心に思っていることを誰かが代弁してくださる。読み終わった時、胸につかえた溜飲がどっと下がる。この快感はとても筆舌に表現し難い」(「正論」一九九五年十月号、産経新聞社)という投稿から、読者投稿欄自体が独立して楽しまれるコンテンツになっていたことをうかがい知ることができる。
(42) 大島信三編集長が「本誌の定期購読者の動向や投稿からわかります。どんどん三十代の投稿者が増えているのです」(「正論」二〇〇〇年三月号、産経新聞社)と書いているように、特定の読者を取捨選択して、編集上可視化する手法を繰り返し採用している。
(43) さくまあきら編『ジャンプ放送局』全二十四巻(ジャンプ・コミックス)、集英社、一九八四―九六年

(44) 糸井重里『糸井重里の萬流コピー塾』文藝春秋、一九八四年
(45) 中島梓『小説道場』新書館、一九八六年
(46) 小林よしのりほか『ゴーマニスト大パーティー——ゴー宣レター集』ポット出版、一九九六年
(47) 「正論」一九九八年二月号、産経新聞社
(48) 前掲『戦後民主主義のリハビリテーション』一七―二〇ページ

第4章　「慰安婦」問題とマンガ――『新・ゴーマニズム宣言』のメディア論

前章までに、一九九〇年代の保守言論をめぐるメディア環境を追いながら、メディアがどのようにして保守系言説の「知」の形成に関与してきたかを検討した。そこからは、論破を目的とした「ディベート実践マニュアル」の普及に見られるように、「説得性」を重視するある種のアマチュアリズムが横行していたこと、また保守論壇誌「正論」に見られるように論壇が高級な文化である体面を維持している一方で消費財としてサブカルチャー化していったこと、さらに読者参加型の誌面づくりが、論壇参加のハードルを下げ、かつ読者の「囲い込み」をおこなってきたことを確認した。では、同時期の歴史修正主義はどのような展開を見せていただろうか。実際、歴史修正主義もまた、サブカルチャーと無縁ではない。

本章では、小林よしのりのマンガ『新・ゴーマニズム宣言』（小学館。以下、『新ゴー宣』と略記）での「慰安婦」問題を取り上げる。後述するように、小林のマンガをめぐる議論には、すでに多くの蓄積がある。ただしそれらはマンガの内容の検討、すなわち「何が語られたか」という点に着目した政治言説研究（とそれへの対抗言説）が主流だったと言っていい。本書では、先行研究を踏まえながら、さらに「どこで、どのようにして語られたか」という問いを挟むことで、小林のマンガが言説として成立していった様式について検討したい。言説でのメディアの媒介作用についての精緻な検討によって、特定の言説がどのような社会制度を利用して自らを社会に定着させていったのか、その実態を明らかにする。

具体的には小林のマンガの分析を通して、二つのメカニズムを析出する。一つ目は、メディア市場での言説の顕在化のメカニズム、二つ目に、「民主的な議論」を演出するメカニズムである。小林はマンガを「書籍」という出版流通形態でもって市場に出すことによって歴史修正主義運動の一角を担い、また読者の声を作品に取り込むことによって、自説の共有者を増やしていったのだ。

なぜ『新・ゴーマニズム宣言』か――問題の所在

なぜ『新ゴー宣』を扱うのか。その理由は、第一に「慰安婦」問題は主にマスメディアと学術文献と論壇誌といった商業言説を中心として議論が展開されていたが、『新ゴー宣』は「雑誌」「マンガ」という異端とも言えるメディア形式を採っていて、言説の成立様式として検討に値すると考えられること。第二に、のちに小林はフランスの「ル・モンド」紙上で“Yoshinori Kobayashi, auteur et héros de mangas révisionnistes”（小林よしのり、歴史修正主義マンガの作者であり、ヒーロー）（一九九八年一月三十一日）と紹介されたように、歴史修正主義に基づく「慰安婦」問題の言説をマンガというサブカルチャーに持ち込んだ最初期の人物であり、その作品であること。第三に、同作品で展開されたロジックは、現在、「歴史認識」を盾に「慰安婦」問題を否定する保守知識人／政治家のロジックとほぼ重なっていることである[1]。論旨を抜き出すと次のようになる。《「慰安婦」はいた、けれども「慰安婦」は商行為である。官憲による強制連行を示す公的資料・公式文書はない。だから自由意思に基づく選択である。であるから「慰安婦」問題は存在しない。「朝日新聞」などが示す論拠は反日勢力の捏造である。戦前・戦中の世界の国々に公娼制度はあり、戦地での慰安所設置に問題はなかった。逸脱した強制連行の例は、その一兵士の逸脱行動であり、すでに罰せられている》、と。以上三点の理由から、「慰安婦」問題を否定する典型的な言説のなかで最も注目された作品の一つとして、小林の『新ゴー宣』を扱う。

本章で採用するアプローチは、これまでの研究蓄積とは異なる視座による。すなわち、受容のあり方や作品がもつ社会的意味を捉えるために、作品の中身だけではなく、パッケージ化された作品自体が置かれている流通制度や媒体がもつ特性に注目して検討する。文化編成を問うことで、現在の「慰安婦」問題を否定する言説の流通を可能にした言説空間それ自体を解明できると考えるためである。

以下では、第1節で小林の作品が登場した経緯を簡単に確認し、これまでに言われてきた問題点と本章で扱う議論のアプローチを整理する。そして、第2節で前節から導き出された課題に対してメディア論のアプローチから分析をおこない、同作品がどのような言説空間を形成したか、当時の連載雑誌などを資料として検討する。

1　これまで小林よしのりはどう語られてきたか――先行研究と本書のアプローチの違い

小林よしのりの『ゴーマニズム宣言』シリーズは、雑誌「SPA!」で一九九二年一月二十二日号から連載を開始した。その後一九九五年二月二十七日号の隔週刊「SAPIO」へと移籍し、『新・ゴーマニズム宣言』として連載が再開された。連載後に随時単行本化、文庫本化され書店に並んでいる。小林は同シリーズの作品で「社会問題」を中心に取り上げ、それらが話題となってテレビなどのメディアにも「言論人」として盛んに登場することになった。

シリーズ内で「慰安婦」問題が初めて扱われたのは、「SAPIO」一九九六年八月二十八日・九月四日号である。この時期の同誌は公称二十万部、のちの日本ABC協会の調べによると、十一万部から十二万部を発行していた。[2] 同作品は「SPA!」からの移籍直後こそ誌面で大きく扱われたが、基本的には雑誌の六〇ページ以降（全体の三分の二以降）に毎号掲載される連載マンガだった。

『ゴーマニズム宣言』シリーズへの批評は決して少なくはない。[3] とりわけ、小林の漫画家としての資質、部落差別問題、オウム真理教事件、薬害エイズ事件、『戦争論』に関わる批評は数多い。しかし、「慰安婦」問題に限ると非常に少ない。むしろ「慰安婦」問題以降は、小林への批判のほうが非常に強くなる傾向が見て取れる。

『新ゴー宣』での「慰安婦」問題の扱いへの直接的言及は、内容への批判、表現技法の分析、読者受容の分析がある。[4]

　上杉聰は、『新ゴー宣』の記述内容に対して、作品の図像を引用しながら詳細に批判した。上杉は、「被害者証言の尊重」を第一に述べ、小林の「構造的な問題への視座」や「〔いわゆる狭義の：引用者注〕強制連行ではなく当人の自由意志を奪う強制性を問題視する視座」の欠如を指摘する。また、小林が断定する「慰安所の商行為性」について歴史資料や当時の法律を用いて批判をおこなっている。上杉の主張は、「慰安婦」問題の解決を目指す立場が用いる主張を踏襲したものと言える。[5]これに対して、小林も「広義の強制性」を「「人狩り強制連行」の証拠がなかったために出てきた…／日本国内向けのすりかえ理論にすぎないのだ！」（第五十五章）[6]と再反論しているが、上杉の指摘に対する批判になっておらず、議論には齟齬があり、平行線をたどっている。

　また、テッサ・モーリス－スズキは、小林のマンガ表現に対する文章による批判の効果の限定性を指摘する。モーリス－スズキは、小林のマンガは「おびただしい数の誤り、脱落、歪曲を含む」が、「〔学者による小林への：引用者注〕批判じたいが、漫画というメディアで歴史を論じることの根本的ジレンマを明らかにした。小林よしのりのテクストをアカデミックな論文や雑誌媒体が言葉で批判する場合、その主張がどんなに妥当であっても、漫画が読者の想像力に与えるインパクトを弱める効力は限定的でしかないようだ」[7]と述べる。そのため、モーリス－スズキの分析は「漫画が読者の想像力に与えるインパクト」に向けられ、絵と言葉の結び付きを検討している。例えば、良い顔の「われわれ」と悪い顔にデフォルメされた「彼ら」を露骨に描き分けることが、旧日本軍・ソ連軍のプロパガンダテクニックに酷似していること、またそれらのプロパガンダ手法が画にまつわ

る記憶もそのまま表象されることに言及する。(8)

若桑みどりは、当時の読者が小林のどこに引かれているのか、とりわけ大学生の読者受容を分析している。『ゴー宣』の「作家―読者」の関係は、読者が小林を「先生」と仰ぎ、『ゴー宣』を「思想書」と賛美するものだった。若桑は、読者の手紙が（取捨選択を経て）『ゴーマニスト大パーティー』（第3節で詳述）という書籍に掲載されることで、読者の欲求が満たされ、小林自身も言うように「『ゴー宣』が彼らの癒しになっている」と分析する。(9)


以上のようにこれまでの研究を概観してみると、看過されている視点がある。第一に、これまでの研究は作品の「中身」に注目してきた。すなわち内容の検討、内容を伝える方法やその効果の検討、内容の受容の検討を精緻におこなってきたが、一方で、「メディア」としての『新ゴー宣』がどのようなものだったのかという点についての検討は不十分である。

第二に、右記に関連して、「メディア」という視座を看過してしまうと、上杉、若桑、モーリス－スズキのように「マンガ」という表現の優秀性（例えば、マンガは言葉以上にものを伝える、マンガの影響力はすさまじいといった視点）に過度に注目してしまう。(10)言説内容と表現方法の純粋性を強調した視点と言えるだろう。しかしすでに理解できるように、こうした視点にだけ頼ることは、小林のマンガの問題性を捉え損なう結果になりかねない。言い換えれば、言説やその表現の存在様式である「メディア」がどのような社会制度のなかで支えられ、その言説をどのようにして世に存在せしめているか、という視座が不可欠なのである。

もちろん、この視座に完全に無関心なわけではない。モーリス－スズキは、表現分析と同時に、小林が「マーケティング・テクニック」を巧みに使い、マンガを含む大衆文化市場の本質が、マンガが作るイメージに対抗する方法を模索するうえで困難を生じさせるとも指摘している。(11)しかし、その内実について踏み込んだ検討はなされてこなかった。

一方で、こうした観点に対して、示唆的な言及がもう二つある。瓜生吉則は、必ずしも小林作品の「慰安婦」問題や歴史認識問題に焦点化しているわけではないが、「これはマンガか」という問いを投げかけている。すなわち、『ゴー宣』にはマンガの表現と同時におびただしい量の活字が並んでいることから、読者は、作品のマンガとしての「表現」と同時にその「意見」もまた「読んで」いるという現実がある。ここから瓜生は『ゴー宣』を「マンガの境界線」に位置付く作品であると指摘する。さらに、瓜生は『ゴー宣』が「商業出版としてウケている」ことを挙げ、「作者―読者共同体」の形成について考察を加えていく。(12)

瓜生が同書を「マンガの境界線」として位置付けるのに対して、大塚英志は「まんが」だと喝破する。大塚は、「小林よしのりが語っているのは言論ではなく、サブカルとしてのまんがである。誰もがこの一点を見落としている。小林はただ、まんがを描いている。エイズもオウムも教科書もその素材だ。何故、ジャーナリズムも保守も自ら進んで「まんが」の中に駆け込んでいってしまったのか(13)」と述べている。

両者の認識の差異が意味するところは何だろうか。瓜生はマンガという商業出版であるにもかかわらず「意見」が読まれる、という表現の境界性に着目をしている。他方、大塚は小林が「意見」

として読まれる現状を批判して、結局小林は「フィクションでもなんでもあり」のマンガを描いているだけで、そうしたものと言論界が節合してしまう現状の危うさを繰り返し主張する（第3章を参照）。両者の指摘の争点は「マンガ」かどうかという表現の本質ではない。瓜生や大塚の指摘は、その内容や中身以上に『新ゴー宣』という作品が置かれている社会的意味に向けられ、作品を支える表現ジャンルの社会的位置付けに関心を寄せていると言える。

だが、両者ともモノとしての小林の書籍の形式にはふれていない。だとすれば、検討すべきことは、言論・言説の存在様式＝メディアを支える社会的編成のあり方ではないか。すなわち、『新ゴー宣』は、どのようなメディア「形式」／「制度」の下にあったのか。そしてそれはどのように言説空間（受容の土壌や正当性の磁場）を形成したのか。

2　「慰安婦」問題を否定する保守言説の構築とそのメディア特性

雑誌媒体での『新ゴー宣』の位置付け

では、「慰安婦」問題連載時の『新ゴー宣』はどのようなものだったか。

『新ゴー宣』は「慰安婦」問題を扱うと反響を呼び、一九九六年十月九日号では連載移籍時以来初めて表紙に「小林よしのり、ゴーマン第二弾！『従軍慰安婦』大論争」と見出しを掲載した。十一月十三日号では「SAPIO」のタイトルロゴの上に小林の写真付きで「『新・ゴーマニズム宣言』

小林よしのりこんどは慰安婦TV番組を斬る」と見出しを載せ、雑誌の目玉コンテンツとして注目させている。さらには十二月二十五日号の「つくる会」発足記者会見の記事で、西尾幹二でも藤岡信勝でもなく、小林の写真を起用している。こうした誌面づくりから、同誌にとって小林が重要な書き手だったことをうかがい知ることができる。

では、この連載の前後の「SAPIO」の性格はどのようなものだったのか。まず確認できるのは、『新ゴー宣』連載開始当初は雑誌自体も露骨に歴史・戦争問題を扱ってはいないことである。「慰安婦」問題を扱う前後の「SAPIO」の「特集」の論調は、「チャイニーズ・プロパガンダ」[14]「五輪ナショナリズムでますます燃え上がる民族間の近親憎悪「反日嫌韓」病根はここだ大論争」[15]といった反アジア説、アジア陰謀説、嫌韓言説などが中心だった。これらがほかの保守論壇誌(「正論」「諸君!」)とも類似した編成であることはすでに見てきたことからわかるだろう。一九九六年六月十二日号の「激論三時間!「反日嫌韓」のルーツを洗い直す　◎井沢元彦vs李慶載」という対談でも、竹島・独島領有権問題再燃と歴史認識のズレは議論されるものの、「慰安婦」は出てこない。

だが、八月七日号では、「嫌韓」記事と同時に、「奥野誠亮・元法相「それでも私は言う!慰安婦も創氏改名も話が違う」」という記事を掲載。このあたりから、論調が変化していく。そして、同誌は『新ゴー宣』が「慰安婦」問題を取り扱うようになると、その内容を後押しする複数の記事を組み始める。さらに、自由主義史観派の藤岡信勝を起用して積極的に「慰安婦」問題を「ウソ」として批判する記事を生産していく(「藤岡信勝・東大教授　教科書の「従軍慰安婦」記述で真情吐露」[16]「「アジアの慰安婦」問題の虚構を現地取材からあぶりだす」[17])。

以上のように、特集の動向と照らし合わせてみると、雑誌の方向性と『新ゴー宣』が採った方向性は重なっていて、相互に補強し合って言説空間を形成していたように思われる。そして、藤岡らの主張と小林の主張の近似性、さらに「つくる会」の立ち上げに小林が合流したあとの経緯をみれば、「ル・モンド」のように、小林が自由主義史観派の最大の「成功者」となったという見方は容易に支持されうるだろう。

『新ゴー宣』周辺の出版事情

しかし、実際のところはそう単純でもない。というのも、『新ゴー宣』の単行本の「ヒット」の前後を検討すると異なる様相が見えてくるからである。「出版月報」一九九六年十一月号では、藤岡信勝・自由主義史観研究会編『教科書が教えない歴史』が月間七位にランクインしている。同書は七月三十日の発売後三カ月で売り上げ部数が二十一万五千部に達し、話題となった[18]。また翌十二月号では「『教科書が教えない歴史』『国民の油断』『汚辱の近現代史』と日本人の歴史観を問い直す本が注目を浴びている[19]」と言及していて、一九九七年一月号では、『教科書が教えない歴史』第二巻[20]が一カ月で十二万部の売り上げに達したことを指摘している（第一巻はこの時点で累計三十七万部[21]）。

ここからは、歴史観を問い直す書籍はすでに「売れて」いて、歴史認識を扱いだした『新ゴー宣』はむしろ後追いであることがわかる。「出版月報」一九九七年三月号によれば、この作品の単行本の売り上げは「初刷十五万部」である。以後、発売月は「社会」カテゴリーで何度も一位を獲

27 14版 1996年(平成8年)9月25日 水曜日
ここ何年か本当にぎりぎりで戦ってきた
伊達、ピークに自ら終止符
引退会見 一問一答
6月から徐々に決意
一途な姿勢、生き方にも
薄々感じてた／彼女らしい／気持ち分かる
長野五輪へあと500日
12月から次々とプレ大会
阪神、同率5位
アメリカで学ぼう!
ひとりでできた
0120-090924
レイク
大好評発売中
不透明な時代を読み解く100人の999冊
緊急大論争!
「従軍慰安婦」報道に真っ向から斬り込む
●藤岡信勝・東大教授「私が教育現場の危機に気づくまで」
●「慰安婦強制連行」で、朝日vs産経どっちが正しい!?
大世紀末のグロテスクな現実だ!
●これが
相次ぐ猟奇殺人テロ犯罪との闘い
ロシアからの「核流出」とテロ
この100年の「猟奇殺人大百科」
古都フィレンツェを震え上がらせた「モストロ」の
日本人「少女買春ビデオ」男の
ニッポン科学警察の「本丸」に徹底取材
小林よしのり
おそるべき慰安婦問題の反響
浅田次郎
O-157の次は…が危ない
インドネシア暴動
北の工作員
落合信彦
鄭夢準
タラバニ
国際情報誌 SAPIO
10月9日号
小学館

Vへ加速 宮本好投5勝目

首脳の眼力 こたえた実力

「状況に合った仕事」一人二役

イチロー4安打

セントラル・リーグ

パシフィック・リーグ

キャッシングは 0120-888619

アイク

野村監督夫人」の衆院出馬と創価学会の「力」

「末野興産社長」の保釈金15億

「江田五月」にインチキ所得申告

「女パチプロ」修業放浪記

「B29体当り戦闘機」と乗員の発掘

45キロを投げる「桑田」日本シリーズをどうする

選挙後に民主党分裂を「菅直人」への集中攻撃

プレスリー、J・フォンダほか超有名人の逮捕写真

「裸の祭典」風俗嬢64人で大運動会の現場

「コシノ ジュンコ」パワフル下町感覚で世界へ

自殺未遂から2年あの「勘九郎の舞台」に泣いた宮沢りえ

FOCUS 毎週水曜日発売

インターネット・フォーカスは 毎週金曜日にテータ更新

http://www.aix.or.jp/focus

緊急大論争！

「従軍慰安婦」報道に真っ向から斬り込む

小林よしのり おそるべき慰安婦問題の反響

KOREA WATCHING 落合信彦

浅田次郎

タラバニ

O-157の次は危ない

金賢姫

●これが大世紀末のグロテスクな現実だ！

相次ぐ猟奇殺人、テロ犯罪との闘い

ニッポン科学警察

日本人少女買春ビデオ男(48)

「モストロ」の長い悪夢

ベルギー 美少女連続殺害

この100年の「猟奇殺人大百科」

ロシアの核流出とテロ

「DIY」テロリストの恐怖

IQ偏重

SAPIO

国際情報誌 10月9日号 小学館

図6　新聞の「SAPIO」の広告。左：「読売新聞」1996年9月25日付18面、半5段、右：「朝日新聞」1996年9月25日付18面、全5段

得し、約二十万部の売り上げがあった（これは保守系論壇誌「正論」や「諸君！」の約二倍の発行部数である）。

したがって、『新ゴー宣』の「慰安婦」問題関連の連載は、雑誌単体の編集方針にとどまるものではなく、より大きな「キャンペーン」のなかで展開したものと捉えたほうが妥当ではないか。すなわち、歴史を問い直す書籍が「売れる」トレンドのなかで、出版攻勢が加速していたのである。それを示す傍証が一つある。「SAPIO」は創刊以来ほとんど新聞に広告を出さなかったのだが、『新ゴー宣』が「慰安婦」問題の連載を始めたときに新聞広告を出している。図6は、一九九六年九月二十五日の「読売新聞」と「朝日新聞」のスポーツ面の広告である[22]。

見てわかるように、国内で最も発行部数が多い「読売新聞」では半五段分の広告である一方で、「朝日新聞」にはほぼ全五段分の広告を出している。保守系新聞である「読売新聞」よりもリベラル系新聞である「朝日新聞」に大きな広告を打つこと自体が「朝日新聞」に対して挑戦的な広告と理解することができるだろう。この広告の『新ゴー宣』の売り出し文句は「小林よしのり『新・ゴーマニズム宣言』第二十六章　おそるべき慰安婦問題の反響」であり、それとともに「ご意見をお寄せ下さい」と読者投稿を積極的にあおっている。そして、同号で小林の連載を「援護射撃」する記事の見出しは、新聞広告では「「慰安婦強制連行」で、朝日vs産経どっちが正しい!?」となっていて、「従軍慰安婦報道朝日vs産経どっちが正しい!?」（どちらも傍点は引用者）という「SAPIO」誌上の見出しよりも「朝日新聞」の「強制連行」説を標的としている様子がうかがい知れる。なぜこの差異が生まれたのか判然としないが、「vs」と平等な対決のように表現しながらも、「強制連行」を用いる点で、「産経新聞」擁護の立場であることを表明している。ここからは、すでに新聞というメディア間に「慰安婦」問題をめぐる「党派性」の対立があり、雑誌はそれを（商業的に）あおって、自らの言論のポジションと読者を見いだしていったことがわかる（「産経新聞」は「朝日新聞」が「強制連行」のイメージを作ったと批判している。詳しくは第5章で取り上げる）。

すなわち、ここまでの資料を見るかぎり、『新ゴー宣』はすでに存在する「キャンペーン」の動向にむしろ追随・伴走したとするほうが事実に近いと思われる。

『ゴー宣』の商品性と書籍流通制度

では、小林は一連のキャンペーンにどのように追随・伴走した／できたのか。

この点を考えるために、迂回的だが当時の雑誌市場の状態を見ておこう。前章で確認したように、日本の出版界の動向では、一九八〇年代末に「雑高書低」の状況に移行し、キヨスクルートの出版流通・取次とコンビニエンスストア（CVS）ルートが主流となった過程で「マルコポーロ」などの新しい雑誌媒体が登場した。しかし、これらの雑誌は十年もしないうちに廃刊していく。現在まで生き抜いているのが、「世界史激変を読み解く、二〇代ビジネスマンのための戦略情報誌[23]」と銘打った「SAPIO」である。この雑誌も創刊以降数年間は売り上げが伸びなかったが、九六年に売り上げを急上昇させる。そして、そのきっかけこそまさに『新ゴー宣』の「慰安婦」問題であり、国際情勢などを扱う「硬派系」の商業雑誌の「右傾化」が指摘されるようになった時期とリンクしている[24]。

『新ゴー宣』の言説は、前述のような出版界の商業的文脈のなかにあった。(25) 既出の瓜生もまた、『ゴー宣』の「商品としての優秀さ」を考える必要があると指摘し、とりわけ『ゴー宣』については、「作者—読者共同体」を構築し、商業的に成功していることを重視している。この商業的成功こそ、いかに内容（メッセージ／意見）が間違っていようとも、小林のマンガに「「知識人」たちの批判に答えられる根拠」があると分析されるゆえんである。(26) すなわち、知識人に対して、「私の主張は間違っているかもしれないが、あなたの本より売れている」と言いうる立場を、こうした商業性がバックアップしているのである。ここにアマチュア知性に一定の「お墨付き」を与える文化消費者による評価の優位というロジックがある。

しかしながら、この作品について「商業性」という視座から検討をするにあたって、単行本化の際に、（すでに旧『ゴー宣』の時代から）一般の「マンガ」とは異なる流通上の手段をとっている点に注意しなければならない。通常マンガ単行本＝コミックスは、出版流通制度上「雑誌扱い書籍」となっている。(27) しかし、『ゴー宣』『新ゴー宣』ともに、流通形態は「書籍」である（Cコード(28)が0036であるため、一般単行本「社会」に分類してある）。つまり、中身は「マンガ」でも容れ物は「書籍」というメディア形態を採用している。

この点については、「「売れる」ことが「ウケる」ことを示す唯一の証でもあるという〈マンガ〉の商業論理を『ゴー宣』は見事に実践し、そして勝ち続けてきた(29)」という瓜生の指摘に留保を付けながら、この本の社会的位置を考察する必要がある。

第一に、小林の「商業的成功」についてはおおむね、『戦争論』が五十万部を突破し、年間売り上げ十一位のベストセラーになったことから評価されているが、実は『新ゴー宣』は初版十五万部であり、マンガとして考えた場合、一九九〇年代のマンガ市況では「比較的地味」と評価するのが妥当だろう。(30)しかし、マンガではなく「書籍」としてはヒットしたのである。同書は「書籍」として販売されているため、月ごとのベストセラーのランキングにも表示され、しかも自由主義史観派の書籍と同じカテゴリーの「話題書」という位置付けを獲得することができた。発売後二、三カ月の間、「社会」部門の書籍の月間売り上げ上位を維持して、言説を顕在化できた背景には、こうした出版流通制度が関係している。したがって、「売れる＝ウケる」という〈マンガ〉の商業論理は維持したかもしれないが、それがいわゆる「雑誌扱い書籍」としてのマンガと同じ出版制度のなかでおこなわれたわけではない。

第二に、「書籍」だから公共図書館や学校図書館に所蔵された「マンガ」となった。ＴＲＣ（図書館流通センター）の当時の図書館が所蔵しているマンガランキングアンケート調査では、上位に『はだしのゲン』『火の鳥』『ブラック・ジャック』についで『ゴーマニズム宣言（シリーズどれでも）』という結果になっている。(31)小林の作品は、マンガと書籍、両方の側面から普及し、幅広い読者の目にふれる機会をもち、「商品」としての話題性やアクセス可能性を獲得できたのではないか。(32)

以上に加えて、小林はテレビの討論番組に出演し、自身の主張を語ることによってその言説を流通させていった。とりわけ、『戦争論』は作品自体が直接テレビで取り上げられたため、大きなセールスとなった。それ以前の作品に関して、テレビの影響力がどの程度だったかは判然としない。ただし、「正論」の大島信三編集長は、小林がたびたび「正論」の執筆者を作品に登場させることによって若い読者や投稿者の増加に影響を与えていると一九九八年二月号の読者投稿に添えて記述していることから、若者の言論への入り口となったという社会的機能はあったと考えられる（第3章参照）。

マンガという表現はわかりやすい？

そしてさらに、それでもマンガは「わかりやすい」という表現の代表だった点は捨象できない。「マンガでわかる」「マンガ版」「マンガで学ぶ」といった冠をもつ書籍は、国立国会図書館のOPACの検索結果でも一九八〇年代末から確実に増加傾向にあり、ビジネス書を中心に「お堅い」「読みづらい」対象をかみ砕いて読者に「書籍」として届ける傾向はすでに醸成していたと言える。

とはいえ、これで問いに対してすべて説明がついたわけではない。当然、「商品」を読む読者・消費者がいてはじめて小林の「歴史修正主義マンガのヒーロー」という像が成立する。では、この作品は「商品」の宛先である「読者」をどのように扱ったのだろうか。そして、どのような仕組みで言説空間を構築していったのだろうか。

3 「読者」の扱いと言説空間の構築

当時、誰がどう読んだのか、どのような影響力をもったのか正確に把握することは、いまとなっては難しい。しかし、この作品が「読者」をどのように扱ったかは、現存する資料から読み解くことができるだろう。

そのために、すでに確認したことに立ち戻ろう。「SAPIO」がキャンペーンを張った一九九六年九月の新聞広告の『新ゴー宣』の見出しには、「ご意見をお寄せ下さい」とあった。実際どれほどの読者投稿が集まったのかわからないが、十一月二十七日号の目次に、読者の手紙の山の写真を掲載してこの反響を伝えていることと、前述したように『新ゴー宣』の見出しを再び表紙に掲げたことから、その前後の雑誌運営のなかでは注目に値する反応があったことは容易に推察できる。

読者投稿を連載のなかで取り上げる手法は、旧『ゴー宣』の初期（第十八章）から採用されている。[33]それは、一定程度の読者を「囲い込む」「保護する」手段だったと考えることができる。瓜生は、同作品の商品としての魅力を認めながら、「精神的・知的に弱い読者が小林の論法に騙される」と読者を論じれば、小林による「今度は読者をけなすわけね」という反駁から逃れられないことを指摘している。[34]第2節で見た若桑みどりやこの瓜生の指摘からは『ゴー宣』シリーズが読者をうまく巻き込んでいた様子が確認できる。そして小林と読者の関係は、読者投稿をまとめた書籍『ゴーマニスト大パーティー』で「出会う」ことによって「熱烈なコミュニティー」となり、「大きな教団」を構成する。[35]そのために「作者と読者との一種の共犯関係、もう少し穏健に言えば、〝作者―読者共同体〟が構築されていることが、〈商品〉としての『ゴー宣』にとって重要な要件[36]」と指摘される。

この「作者―読者共同体」は、「慰安婦」問題の際にどのように作用したのだろうか。これまでと同様に、先行研究では採られなかったメディア＝言説の存在様式という視点から問い直してみる。

まず、「慰安婦」問題の連載時でも、小林は「読者参加型でいく」と明言している（第二十六章欄外小林コメント。傍点は引用者）。そして、同章の「オチ」で「さあ朝日新聞が正しいか？産経新聞が正しいか？／慰安婦がホントに〝従軍〟なのか？〝性奴隷〟なのか？（略）我々で結論を出そう！」と宣言する（傍点は引用者）。ここからは、連載は最初から読者投稿を前提に開始されたことがうかがえる。この発言は、第二十四章で連載を始め、反響を受けたあとの発言であるため、おそらく読者の重要性を認識したうえでのものだろう。

『新ゴー宣』は連載時から「応援レター」を募集していた。しかし、一九九六年十月九日号で「従軍慰安婦報道「朝日」vs「産経」どっちが正しい？」を掲載し、「これを読んで意見をお寄せください」と「SAPIO」が読者意見を求めると、次々号（十一月十三日号）の『新ゴー宣』では、「異論・反論・応援レター大歓迎」に変更される。そうして集まった読者投稿を、十二月二十五日号の雑誌連載時から見開き左右の欄外に縦書きで掲載していく。そこには「異論」「反論」は掲載されず（作品では扱う）、小林の主張に対して肯定的な印象を与える「応援レター」だけを選択して掲載している。言うまでもないが、この取捨選択もまた「編集」の産物であり、どの投稿を掲載するかによって作品メッセージの性格が左右される。

この作品での「読者投稿」の扱いは、メディアごとに異なる様相を見せる（図7を参照）。小林の作品内容に対する（それなりに過激な言葉遣いや小林への心酔ぶりも含む）肯定的意見[37]の「応援レター」は、雑誌連載時にだけ作品の左右の欄外に掲載され、単行本化の際には削除されている。まず

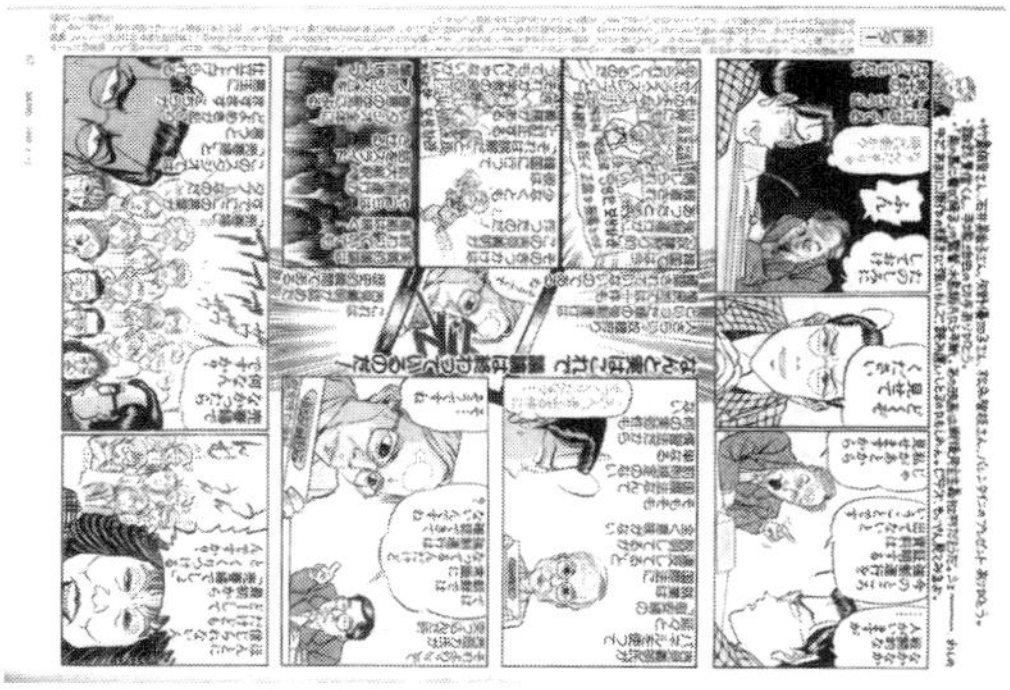

雑誌「SAPIO」連載時
レター判（A4変型判）、隔週発売
（1997年3月12日号）
・左欄外応援レターあり
・上部欄外の小林コメントあり

単行本（小学館）
A5判・ハードカバー
『新ゴーマニズム宣言4』
（1997年12月）
・左欄外応援レターなし
・上部欄外の小林コメントあり

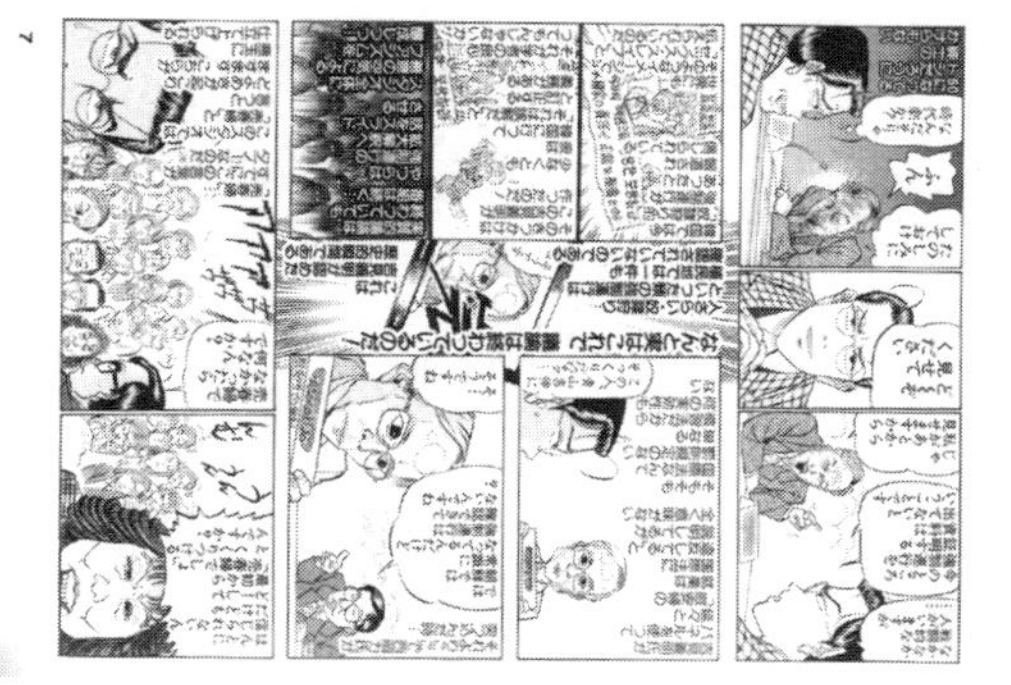

文庫本（小学館文庫）
文庫判『新ゴーマニズム宣言4』
（2001年8月）
・左欄外応援レターなし
・上部欄外の小林コメントほぼなし

図7　雑誌・単行本・文庫の欄外コメントの差異

この点に大きな差異がある。

欄外コメントの削除は、投稿者の著作権の問題なのか、単行本・文庫版のように連載媒体よりも小さい判型への編集の際に起きた事態なのか、理由はわからないが、どの可能性も否定できない。はっきりしているのは、小林はこれ以前にも読者の手紙を『ゴーマニスト大パーティー』という書籍で扱っていたという事実である。そのため、単行本や文庫には連載時の応援レターを掲載する必然性はなかったと考えることができる。この書籍は初版一万部で、ほぼ連載時に扱われなかった手紙を使用して再構成されたものである。特徴は、応援レターとは異なり、「両論併記」されていて、賛成・反対比率も男女比率もほぼ同数でという偏向がないバランスで編集されていることだ。

一方、小林は作品内で恣意的に読者意見を扱っている（第二十六章、第二十九章、第三十章）。小林のマンガの物語構成は、小林自身が主人公として登場し、小林が意見の対立する論者と論戦を交わし、勝利を収めていく様を描くものである。「慰安婦」問題を扱った際、事前に募集した読者意見の結果、「強制連行なかった派」が八割に達したと述べていて、そのため小林はあらかじめ「なかった派」の読者の側に立っていたことになる（第二十九章）。しかしながら、小林は自らの主張の正当性を印象付けるように数的有利性を示しながらも、ストーリーの展開は勇猛果敢に対立意見と「対等」に戦って、彼らの主張を退けたように表現する。さらに、この物語の観客としての読者の声は欄外に応援レターとして配置する。こうした誌面構成は、健闘するヒーローとしての小林を演出していた。

さて、以上のような「読者」の扱いから、どのような意味を読み取ることができるか。少なくとも次のように言える。第一に、連載時は主張の正当性を応援レターという読者の力から得られる仕組みになっている。第二に、単行本では読者の声が載っていないことによって、純粋に小林が複数の立場との議論に勝っていく様子が目立つ仕組みになっている。第三に、『ゴーマニスト大パーティー』で「両論併記」をすることで、本を手に取る人には小林の著作全体が、一見、民主的な議論をおこなっているように印象付ける仕組みとなっている。だが、実際のところこの手法は、読者投稿を前提とする「集合知」を物語化しているにすぎない。

ここで重要なのは、単行本や読者投稿集が、連載から数カ月遅れて登場するというメディアの時間差である。すなわち、前記の仕組みは、当の議論のあり方を「事後的に正当化」することを可能にしうるのだ。つまり、この「作者―読者共同体」は、メディア形式のうえでは必ずしも同一時間上にいるのではなく、時間軸には歪みが生じている。作品連載時には読者を巻き込んで「正しい主張」が形成されていることを「読者」に想像させ、単行本以降では、読者を消去することによって一見「民主的な議論」をなした帰結であるかのように「読者」に想像させ、話題書という社会的評価を獲得する。そのうえで、さらに「両論併記」の読者投稿本によって正当性を強化する下地も作っているといえる。言い換えれば、この作品は二つの時間差がある媒体を使ってその社会的な位置取りをするなかで、「慰安婦」問題に対する「アジール（言論の自由空間・領域）」だったかのような印象を保つ仕組みを有していたのである。

おわりに

ここまでの議論を簡潔にまとめよう。第一に、『新ゴー宣』が扱う「慰安婦」問題は、連載開始前後に歴史問題を取り扱う雑誌や自由主義史観派の書籍の流行があり、その思想的キャンペーンに乗じて商業的な成功を収めた。そして、「マンガ」にもかかわらず流通制度上「書籍」として扱われたために話題書として位置付けられることになり、かつ公共図書館などにも置かれたことで幅広い層の読者を獲得していった。第二に、読者の取り扱いをめぐっては、「読者の意見」を作品内(議論)、連載欄外(応援レター)、単行本(読者意見本の出版)など、連載時(リアルタイム)と単行本(事後)で扱い分けることによって、双方に一見「民主的な議論」をおこなう「アジール(言論の自由空間・領域)」だったかのような印象を保つ仕組みを有していた。『新ゴー宣』はこれら二点の制度的資源が用いられて顕在化し、媒介されたことによって言説空間を形成していったと指摘できる。

以上の検証結果は、先行研究の「慰安婦」問題否定言説がマンガの影響力によって拡散したという知見を相対化する。すなわち、マンガだから効果や影響があったのではない。もしそうなら、例えば同じ時期に青年マンガ誌に掲載されていた石坂啓のマンガ(「ある日あの記憶を殺しに」「週刊ヤングジャンプ」一九九六年四十三号、集英社)も話題になってよかったはずだ。しかしそうはなっていない。では、小林がすでに著名な漫画家だったから話題になったのか。もしそうならば、のちの（当初無名の漫画家による）『嫌韓流』や『日之丸街宣女子』の流行は説明がつかない。つまり、ある言説の影響力が強調されればされるほど、その内容に視線が集まるが、他方で忘れられていたのは、それを支え、媒介する社会制度、大衆文化市場、メディア特性の複合的なメカニズムだと言えるだろう。

歴史修正主義の主張は自らの論理を支持する「読者」を囲い込み、立場を共有する者たちの言論空間を構築してきた。そしてそれは言論に形を与える大衆文化市場の仕組みのなかでおこなわれていた。ならば、彼らがこだわる「説得性」とは、対立する立場を「屈服」させるためだけではなく、まだ何かに気づいていない人やすでに同じ立場にいる人への「説法」のように思えてくる。とはいえ、それは「売れれば」いいという消費文化の論理で展開され、熱心な「お客様」を手放さないよう扱うなかで作られた言論だと言っていいかもしれない。そして、読者投稿をもとに「我々で答えを出す」という小林と読者の姿勢は、必ずしも小林の思想に基づいているとは言えず、参加型の「集合知」を形成していると分析可能である。

このように、読者をも巻き込んでいく参加型の歴史修正主義の市場評価重視は、同じ市場で敵対するものを徹底的に批判する。それはフジサンケイグループとは逆の政治的論調をもつ「朝日新聞」である。このメディア市場でのヘゲモニー争いとメディア間対立はどのようなものであり、そして「朝日新聞」への批判は妥当なのだろうか。次章で検討しよう。

注

（1）例えば、情報の密度の差こそあれ、西岡力『よくわかる慰安婦問題』（草思社、二〇〇七年）や秦郁彦『慰安婦と戦場の性』（〔新潮選書〕、新潮社、一九九九年、第3節）に登場する藤岡信勝の雑誌記事がそれにあたると言っていい。

（2）メディア・リサーチ・センター編『雑誌新聞総かたろぐ』一九九六―二〇〇一年版、メディア・リサーチ・センター、一九九六―二〇〇一年

（3）例えば、呉智英編著『小林よしのり論序説――ゴーマニズムとは何か』（出帆新社、一九九五年）、北田暁大『嗤う日本の「ナショナリズム」』（〔NHKブックス〕、日本放送出版協会、二〇〇五年）は示唆的な論点を含む。

（4）ここでは、上杉聰『脱ゴーマニズム宣言――小林よしのりの「慰安婦」問題』（東方出版、一九九七年）、前掲『過去は死なない』、澤野雅樹「なぜ私は小林よしのりに興味がないのか」（前掲「インパクション」第百二号、八九―九五ページ）、若桑みどり「『ゴーマニズム宣言』を若者はどう読むか」（宮台真司／姜尚中／水木しげる／中西新太郎／若桑みどり／石坂啓／沢田竜夫／梅野正信『戦争論妄想論』所収、教育史料出版会、一九九九年、一三五―一五四ページ）、浅野健一「小林よしのり氏と現代の若者」（前掲「インパクション」第百二号、九六―一〇三ページ）を参照。

（5）上杉聰の前掲『脱ゴーマニズム宣言』は、『新ゴー宣』の記述に対して、作品の図像を引用しながら詳細に批判した唯一の先行研究である。上杉の指摘は、①被害者証言に基づいていないことへの批判、資料だけで強制連行説を否定するロジックへの批判、②自身や仲間の姿を都合よく見せる演出への批判、③吉田清治証言をたたくことで強制連行説を「論破」したかのように見せかけることへの批

判、④「強制連行」の有無に問題を矮小化することへの批判と「強制性」の妥当性の主張、⑤「慰安所」＝「商行為」と位置付けることへの批判、⑥文献の恣意的引用（と不都合な箇所の意図的隠蔽）への批判（同書六四―六九ページ）、⑦登場人物の発言の歪曲、の七点に要約できる。これらの批判は、それまでの運動からの批判を踏襲している。例えば、アジア女性資料センター編『「慰安婦」問題Q＆A――「自由主義史観」へ女たちの反論』（明石書店、一九九七年）のような一連の運動体による自由主義史観派の「バックラッシュ」へのパンフレットなどとほぼ同一の内容が確認できる。

他方、小林は、③に関連して上杉が過去に吉田清治を講演会に呼んだ過去を暴露しながら批判をしている。しかし、これら③と④への批判は確認されるが、ほかの論点は無視され、議論はかみ合っていない。すなわち、小林の主張が①⑤⑥といった論点を無視することで③④に関する主張（吉田証言の批判、強制連行はなかった）を成立させている（矮小化する仕方）と議論は平行線をたどっている。

（6）以下『新ゴー宣』からの引用は、同シリーズが連載媒体、単行本、文庫本と複数メディアにわたっているため、いずれの媒体でも確認できるように作品の章だけ記載する。また、特定の媒体でしか確認できない点については使用した日付や巻号を本文中で指示することにする。

（7）前掲『過去は死なない』二二六―二二七ページ

（8）同書二二七、二三〇ページ参照。同様に、澤野雅樹も「マンガという形式を使用している不信感」を感じ、そしてマンガという表現形式を「政治的プロパガンダに利用すること」を批判している（前掲「なぜ私は小林よしのりに興味がないのか」九一ページ）。

戦争プロパガンダでの「敵の顔」を分析したサム・キーンによれば、共同体アイデンティティは敵対関係にあり、われわれと彼らを分ける。そこに描く敵（＝彼ら）の顔にはいくつかのパターンがある。敵に顔がないパターンも指摘されている。かつ敵については「遠回しにのみ言及」する。「われわれ」は「故意に特徴をぼやかし、いまだもって敵に顔はないと力説する。なぜなら、われわれは自分がしていることに目をつぶってのみ、戦争の恐怖を永続化させ、想像もできない惨事の張本人となることができるからである」（サム・キーン『敵の顔――憎悪と戦争の心理学』佐藤卓己／佐藤八寿子訳〔「パルマケイア叢書」第二巻〕、柏書房、一九九四年、三一―三二ページ）。

（9）前掲「『ゴーマニズム宣言』を若者はどう読むか」一五〇ページ参照。同様の感覚は、浅野健一も言語化していて、学内の研究会の学生の論文に『ゴー宣』『新ゴー宣』が参考文献にされるものもあったことを指摘している（前掲「小林よしのり氏と現代の若者」一〇〇―一〇二ページ）。しかし、同時に若桑の教え子らは同作品を読んで影響もされるが、「慰安婦」問題の記述には史料批判がないことなど小林の誤謬・誇張に気がつくと述べている（前掲「『ゴーマニズム宣言』を若者はどう読むか」一五二―一五三ページ）。

（10）前掲『脱ゴーマニズム宣言』一五ページ、前掲「『ゴーマニズム宣言』を若者はどう読むか」一三八ページ、前掲『過去は死なない』二二六―二二七ページ

（11）前掲『過去は死なない』二三九、二四一ページ

（12）瓜生吉則「〈マンガ〉のリミット――小林よしのり＝『ゴーマニズム宣言』をめぐって」、宮原浩二郎／荻野昌弘編『マンガの社会学』所収、世界思想社、二〇〇一年、二二一―二三三、二三四―二三七、二三九ページ

（13）前掲「小林よしのり「ゴー宣」は醜悪な論壇の戯画」二一八―二一九ページ

（14）「特集 チャイニーズ・プロパガンダ」「SAPIO」一九九六年三月二十七日号、小学館

（15）「特集 五輪ナショナリズムでますます燃え上がる民族間の近親憎悪「反日嫌韓」病根はここだ大論争」「SAPIO」一九九六年八月七日号、小学館

(16)「藤岡信勝・東大教授　教科書の「従軍慰安婦」記述で真情吐露」「SAPIO」一九九六年十月九日号、小学館
(17)「「アジアの慰安婦」問題の虚構を現地取材ほかからあぶり出す」「SAPIO」一九九六年十二月十一日号、小学館
(18)「出版月報」一九九六年十一月号、全国出版協会出版科学研究所、一七ページ
(19)「出版月報」一九九六年十二月号、全国出版協会出版科学研究所、二三ページ
(20)藤岡信勝／自由主義史観研究会『教科書が教えない歴史』第二巻、産経新聞ニュースサービス、一九九六年
(21)「出版月報」一九九七年一月号、全国出版協会出版科学研究所、二一ページ
(22)当時の数字は不明だが、現在の面別接触率調査からすると、スポーツ面での読者の性別比率は男性のほうが一〇ポイントほど高い。しかし、そのほかの面と比べて著しく読まれる紙面とは言いきれない（「J-MONITOR」〔http://www.j-monitor.net/data-plate/〕［二〇一七年八月三十一日アクセス］参照）。
(23)メディア・リサーチ・センター編『雑誌新聞総かたろぐ』一九九二年版、メディア・リサーチ・センター、一九九二年
(24)久保隆志「小学館「社内情報化」と機構改革による再出発」、「特集 出版社の徹底研究」「創」一九九七年五月号、創出版、三七ページ
(25)小林自身の「商業性」に関する自覚意識はわからないが、作品中では、呉智英が「朝日新聞」と「産経新聞」による真逆の報道姿勢を「商売」と喝破するシーンを描いている（第二十四章）。
　また小林は「つくる会」の記者会見でも「商売になりますよ、これ」「来年はそうなります、まち

がいなく。（略）ものすごい反響がありますから」とも語っている（関口すみ子「「慰安婦」問題を排除する「新しい歴史教科書」づくりとは何か――「新しい歴史教科書をつくる会」記者会見で語られたこと」「インパクション」第百一号、インパクト出版会、一九九七年、三八ページ）。

(26) 前掲「〈マンガ〉のリミット」二三四―二三五ページ

(27) コミックスが「雑誌扱い書籍」として形成されていくメディア史は山森宙史（「「コミックス」という出版メディアの生成――一九六〇―七〇年代における新書判マンガ単行本出版を事例に」「マス・コミュニケーション研究」第八十二号、日本マス・コミュニケーション学会、二〇一三年、一五三―一七二ページ）を参照。『ゴー宣』のように書籍として出版されたマンガの例は、中沢啓治の『はだしのゲン』が代表的である。『はだしのゲン』は一九七五年に「週刊少年ジャンプ」に連載されたが、ジャンプコミックスから出版されず、汐文社から「書籍」として単行本化された。その後、汐文社の斡旋もあって、『ゲン』の続篇は市民運動論壇誌「市民」（勁草書房）、日本共産党中央委員会思想文化誌「文化評論」（新日本出版）、日本教職員組合機関誌「教育評論」へと連載の場を移すことになる。これら「左派雑誌」では、共産党雑誌で国家批判（天皇批判）がなされ、日教組雑誌では「君が代」批判などがなされていく（福間良明「『原爆マンガ』のメディア史」、吉村和真／福間良明編著『「はだしのゲン」がいた風景――マンガ・戦争・記憶』所収、梓出版社、二〇〇六年、一〇―五八ページ）。

(28) Cコードとは、日本の書籍を分類するコードであり、数字四桁のうち、第一桁は販売対象コード、第二桁は発行形態コード、第三と第四桁は大分類と中分類（内容コード）を示している。

(29) 前掲「〈マンガ〉のリミット」二四〇ページ

(30) 中野晴行『マンガ産業論』筑摩書房、二〇〇四年、一五五ページ

(31) 図書館問題研究会編「アンケートにみる公共図書館とマンガ」、「特集 図書館でマンガを提供するには」「みんなの図書館」一九九九年九月号、図書館問題研究会、六五―六九ページ

(32) 今回の調査では『新ゴー宣』が書店のどこに陳列されたのかというところまでは明確にできなかった。図書館については、『ゴー宣』『新ゴー宣』ともにNDCでは「726 漫画 挿絵 童画」のカテゴリーに分類されている。そのほか、『戦争論』のようなスピンオフ作品はテーマごとに分類・配架されている。

(33) 『ゴーマニズム宣言』シリーズ以前から、小林よしのりは読者と「たわむれる」ことを作品制作のなかで実践している。例えば、『救世主ラッキョウ』(「月刊少年ジャンプ」〔集英社〕、一九七八―七九年連載)では、「楽教」と呼ばれる作品内の宗教への入信者を募る、読者のコメントを紹介するなどした。こうした手法は継続していて、『おぼっちゃまくん』(「月刊コロコロコミック」〔小学館〕、一九八六―九四年連載)の主人公・御坊茶魔が発する独特の言語「茶魔語」を読者から募集していた。この手法は、復活掲載となった「コロコロアニキ」二〇一六年第六号(小学館)でも継続された。

(34) 前掲「〈マンガ〉のリミット」二三四―二三五ページ

(35) 前掲「『ゴーマニズム宣言』を若者はどう読むか」一四六―一五〇ページ

(36) 前掲「〈マンガ〉のリミット」二三七ページ

(37) 連載時には次のような投稿が掲載された。「『朝生』を見ました。正直言ってかなり恐ろしい番組でした。特に番組終了前の数分間はすごかった。謝罪派の人々がさかんに拍手したり、司会者が謝罪派の人のFAXを読んで議論を結んだりしてるのは、彼らが何の抵抗も無くそうしてしまっている点で洗脳されていると言わざるを得ません。(略)今の日本であのような人達が主流を占めているのだとしたら、かなり危険な状態だと思います。戦争直前の日本の雰囲気がどんなものだったかはわかりま

せんが、もしかしたら朝生の会場の雰囲気はそれに近いのではないでしょうか。しかも戦前の日本がアメリカに戦いをいどんだのに対して、あの会場の人達は自ら直接国家の首をしめつけているのだから余計にまずいです（菅原善太／二十歳）」（「SAPIO」一九九七年三月十二日号、小学館、六九ページ）

第５章　メディア間対立を作る形式――〈性奴隷〉と新聞言説をめぐって

前章までに歴史修正主義の「知」のあり方とメディアとの関係を検討してきた。第１章と第２章では、それらの政治運動とメディア市場の相関を概観したうえで、ディベートや自己啓発での「説得性」の前面化とアマチュアリズムの醸成過程を見た。第３章と第４章では読者志向の論壇形成と読者参加を前提とした言説構築の過程を検討した。ここからは、歴史修正主義に基づく保守言説の台頭が、各メディアの商業的な戦略によって展開されてきたことを明らかにした。さらに言うならば、今日の各メディア間の対立・緊張をあおっているのも保守メディアである。とりわけ、「朝日新聞」を「反日メディア」と位置付けたバッシングキャンペーンはいまなお続いている。

では、保守論壇とそれを牽引する執筆者や読者の知的共同体は、「朝日新聞」を代表とする左派言論をどのように「論破」しようと試み、メディア間の緊張を作っていったのか。本章では、その手法（論破のやり方）の内実を探り、手法自体が保守メディアの表現形式として確立されていくさまを明らかにする。具体的には、「慰安婦」問題での〈性奴隷〉言説を取り上げ、保守言説の主張の検討を通して、保守言説がなぜ、またどのようにして批判対象を「朝日新聞」へと焦点化させていったのかを明らかにする。

結論を先取りするならば、保守言説による「朝日」批判を精緻に検討してみると、実際のところ、それらの主張の正当性・正確性は低く、批判の精度には関心が払われていないことがわかる。むしろ、党派性をもつメディア（あるいは集団）への批判や、さらには自陣への「囲い込み」にこそ目的があるのではないかと考えられる。

本章の問題意識

本章では、この問いを検討するために「性奴隷」言説をめぐる保守の主張を事例とし、とりわけ〈性奴隷〉という記述についてのメディア間の緊張に注目する。「慰安婦」問題の歴史認識と政治課題に関して、保守系政治家や保守論壇は、〈性奴隷 sex slaves〉あるいは〈性奴隷制 sex slavery, sexual slavery〉という言葉を強く嫌う。これらの用語は、被害女性の「強制連行」を連想させることから、日本を過剰におとしめることにつながるとして使用を避けるべきだと捉えられているのだ。二〇一三年五月、橋下徹大阪市長（当時）の「慰安婦」問題に関する発言が大きな国際的批判を浴びた際、ある男性読者は「朝日新聞」にこう投書している。

私は一連の国際社会からの批判の、慰安婦とは「性奴隷である」という指摘にショックを受けた。米国史における黒人の奴隷制度を愚かなことと思ってきたが、慰安婦問題が全く同根の問

題だったとは考えていなかったからだ。(1)

確かに、英語圏のジャーナリズムでは「慰安婦 comfort women」を〈性奴隷 sex slaves〉と表記・説明することが少なくない。事実、橋下発言の際に海外で最も流通したAP通信のニュースの見出しは、“Japanese mayor: Wartime sex slaves were necessary”（「日本の市長：戦時性奴隷は必要だった」(2)）というものであった。〈性奴隷 sex slaves〉という表記に対して明確に批判の立場を示したのは、「読売新聞」の「社説」である。「米議会や欧州議会などは、旧日本軍が「女性を強制的に性奴隷化した」といった、誤解に基づく対日批判決議を採択している」（二〇一三年五月二十三日付）と記し、アメリカ政府の「慰安婦」に関する認識を「誤り」として指摘している。

では、この「慰安婦」を〈性奴隷〉とする認識は、どのように登場したのだろうか。橋下発言のあと、現代朝鮮研究者の西岡力は、保守論壇雑誌「正論」八月号で、〈性奴隷〉認識を批判している。趣旨は以下のとおりである。

①「朝日新聞が九一年―九二年に繰り返し誤報をした結果として、吉田証言に基づく『慰安婦狩り』、そして『慰安婦＝性奴隷』という評価が国際社会に定着しつつある(3)」

②「読売新聞」が二〇一三年五月十四日、十五日の朝刊で、「朝日新聞」の九二年の記事を事実誤認と指摘していることを評価する。

③九一年に「朝日新聞」の記者が「強制連行」と書いたのは「誤報」である。(4)

以上からうかがえるのは、国際社会でのこの問題に対する認識は日本の新聞社の報道が主導したとする見方である。こうした見方は、前述の主張に限定されたものでも、西岡だけに見られるものでもない。西岡と同じく保守論壇で発言を続ける秦郁彦もまた「朝日新聞」の一九九二年の報道が元凶となって「慰安婦」問題が拡散したと考えている。[5] 秦は西岡の著作を引用し、強制連行説は「時期の関係から見ても内容から見ても(略)日本発だということが明らか」という判断を下している。[6] 同様に、池田信夫も西岡の論旨をそのまま引き継ぎ、議論を展開している。[7]

保守知識人が批判の対象にするメディアは「朝日新聞」に限らない。秦は、「The Japan Times」が九四年秋頃から〈sex slave(ry)〉を慣用するようになり、「朝日イブニングニュース」がこれに追随しているとして日本国内の英字紙二紙の報道を「偏向」と位置付けている。加えて、秦は、保守論壇で繰り返し「The Japan Times」を「反日偏向」として批判する前田脩の言葉を引き、同紙を「反日勢力の宣伝機関」とまで述べて、批判の姿勢を強めている。[8]

なぜ西岡や秦のように保守論壇ではこれほどまでにメディア(特に「朝日新聞」)の態度を誤認・誤報として批判するのだろうか。とりわけ、なぜ彼らは一九九一―九二年の報道をことさらに取り上げるのだろうか。以降も、特定メディアに対する同じ時期の報道への批判は、歴史修正主義の運動のなかで主題化されていく。

本章は、前述の西岡の指摘をリサーチ上の仮説として暫定的に位置付け、これを出発点として、議論を展開する。そのうえで、「大きな問い」と「下位の問い」の二つを設定しよう。「大きな問

表4　「慰安婦」問題関連概略年表（1993年「河野談話」まで）

1951年	サンフランシスコ条約
1965年	日韓基本条約
1973年	千田夏光『従軍慰安婦』（双葉社）出版
1988年	韓国の女性団体が慰安所設置の調査
1990年1月	尹貞玉が「ハンギョレ新聞」で「慰安婦」問題の調査報告を連載
1990年11月	韓国挺身隊問題対策協議会を結成
1991年8月11日	元「慰安婦」金学順さんが名乗りをあげる（「朝日新聞」報道）
1991年12月6日	金学順さんら3人の元「慰安婦」、軍人・軍属、32人で東京地裁に提訴
1992年1月11日	吉見義明、「朝日新聞」に軍が慰安所設置に関与した資料を公開
1992年1月12日	日本政府、慰安所設置への日本軍の関与を初めて認める
1992年1月13日	AP通信が "JAPAN ADMITS ITS ARMY PROCURED PROSTITUTES FOR WWII SOLDIERS" で初めて sex slave の語を用いる
1992年2月23日	戸塚悦朗弁護士、国連人権委員会に提訴
1992年2月25日	韓国挺身隊問題対策協議会が国連のブトロス＝ブトロス＝ガリ国連事務総長宛てに文書を提出
1992年5月13日	国連現代奴隷制作業部会は、「慰安婦」問題について、情報を提供するようにガリ国連事務総長に求める勧告を採択
1992年7月	日本政府、日本軍の関与を示す資料公開
1993年3月15日	日本政府、戦犯裁判の資料にオランダ人「慰安婦」の強制連行に旧日本軍が関与していた記述があると発表
1993年6月	ウィーン世界人権会議で「慰安婦」問題を sex salve issue として扱う
1993年8月4日	日本政府、慰安婦募集の強制性を認め、謝罪する「河野談話」を発表

※紙幅の都合から本章に関係する期間だけを記載

い」としては、〈性奴隷〉という認識がどのように日本の新聞に登場したか、である。それを主要新聞を中心的な資料として分析していく。(9) そして「下位の問い」は、なぜ保守論壇がこの時期の新聞の言説を批判対象としたのか、である。西岡が問題としている対象新聞と期間（一九九一―九二年）に照準して、〈性奴隷〉認識が定着した経緯をたどる。二つの問いに取り組めば、彼らの主張の狙いは、内容の正当性・正確性の獲得にあるのではなく、主張の効果、すなわち「朝日新聞」を批判するという「形式」を動員した自説の補強にあることが見えてくる。

以下では、第1節で〈性奴隷〉の初出を新聞報道に限らず確認可能な範囲で整理したうえで、第2節で〈性奴隷〉の初出に関する西岡論文の主張を検証する。そして、最後の節で、一九九一―九二年を批判せざるをえない保守論壇の主張の構造とその内的矛盾を検討する。

1 〈性奴隷〉の初出をめぐって

〈性奴隷 sex slaves〉という用語は、どのような経緯でメディアに登場したのか。「慰安婦」問題に関連する概略については表4の概略年表を参照していただくとして、ここでは「初出」をめぐる歴史を概観していく。

〈性奴隷〉という用語の初出をめぐる議論は二つある。一つは、「クマラスワミ報告」を初出とするものである。一九九六年に発表された国連人権委員会のラディカ・クマラスワミによる「女性への暴力特別報告」の付属文書一「戦時における軍事的性奴隷制問題に関する朝鮮民主主義人民共和国、大韓民国と日本への訪問調査に基づく報告書」が初出だとするものである。確かに、日本国家に対して明示的に〈性奴隷制〉の問題解決を勧告した公式文書として、いまなお最も参照され、影響力をもつ文書である。しかし、この報告書が〈性奴隷〉という用語の初出ではない。なぜなら、別の角度からのもう一つの議論があるからだ。

それは、一九九二年に日本弁護士連合会（日弁連）の戸塚悦朗弁護士が国連でおこなったロビー活動中の発言を初出とする、という説である。西岡力は次のように述べる。

> 国連人権委員会に初めて慰安婦問題が持ち込まれたのは、一九九二年二月である。実は、持ち込んだのは日本人だった。戸塚悦朗弁護士が二月二十五日、人権委員会で慰安婦問題を国連が取り上げるように要請したのだ。（略）このとき、戸塚は、慰安婦を「性奴隷」だとして、日本政府を攻撃した。米議会慰安婦決議案に出てくる「慰安婦＝性奴隷」という奇抜な主張が初めて国際社会に出たのがこのときだ。[10]

しかしながら、この主張にもまた事実誤認が含まれている。まず、一九九二年二月二十五日に要請したとあり、引用部のあとに戸塚の文章をさらに引用しているが、その典拠となっている「戦争と性」第二十五号の戸塚論文の記述には二月二十五日という日付は登場しない。戸塚の同論文によれば、九二年二月十七日に、国連人権委員会に対して協議資格をもつNGOである国際教育開発

（ＩＥＤ）を代表して「慰安婦」を sex slaves であると指摘し、日本政府に補償を求め、国連に調停などのアクションをとるよう要請したとしている。[11]また、二十五日は、韓国挺身隊問題対策協議会の尹貞玉が「国連人権委員会あて申し立て文書」を提出した重要な日である。[12]そのため、間違えた可能性が考えられる。

一方、戸塚のどの著作を見ても、二月に国連で発言したことは明記しているが、[13]詳細な日付については書いていない。しかし、国連の文書を確認すると（E/CN.4/1992/SR.30/Add.1）、二月二十三日に国連で戸塚が発言した記載があり（文書内では Mr. TOTSUBA となっているが、誤記と思われる）、国連文書で〈性奴隷 sex slaves〉という言葉が登場するのはこれが最初である。以上から、確認できる事実だけ正確に言えば、国連という公式の機関に〈性奴隷〉という認識が提出された最初の契機は一九九二年二月だったということになる。

では、これが本当に初出か、というとそうではない。海外メディアの動きのほうが早かった。ＡＰ通信のアーカイブス（BETA版）を検索すると、一九九二年一月十三日（宮沢首相訪韓直前）に“JAPAN ADMITS ITS ARMY PROCURED PROSTITUTES FOR WWII SOLDIERS（「日本政府が第二次大戦の自国兵士のために売春婦を調達したことを認める」）”という記事が東京支局の PETER LANDERS という記者によって書かれていて、記事内で〈sex slaves〉という言葉が使われている。[14]この記事は単独で発行されたわけではなく、同じアーカイブからはこの間、一月十四日“PRIMARY SCHOOL GIRLS USED AS SEX SLAVES FOR JAPANESE TROOPS IN WWII（「第二次大戦中に日本軍に性奴隷として使われた小学生女児」）”[15]、十五日“SOUTH KOREANS PROTEST AT

JAPANESE EMBASSY OVER WWII SEX SLAVES（「第二次大戦中「性奴隷」に関して日本大使館に韓国が抗議」）”、“SOLDIERS CONFESS EXPERIENCES ON HOT LINE, NEWSPAPERS CALL FOR APOLOGY WITH PM-COMFORT GIRL（「兵士たちが「慰安婦ホットライン」で経験を告白。新聞社は「慰安婦」とともに謝罪を要求」）”、十六日“NEW REPORTS SAY YOUNG GIRLS FORCED TO HAVE SEX WITH JAPANESE（「日本人兵士とのセックスを強制された少女、と新しい報告書が報じる」）”と、立て続けに〈sex slaves〉という言葉を使用して「慰安婦」問題が報じられている。当時の「毎日新聞」の記事によれば、AP通信内部には以下のような経緯が存在したようである。

> 米AP通信（本社・ニューヨーク）は、今年一月から従軍慰安婦の訳語を「SEX SLAVE」に統一した。AP東京支社によると「本社から実態に近い厳密な表現を使うよう指示があった。慰安婦の直訳では必ずしもよくわからない。日本の従軍慰安婦はまさに性の奴隷だった」との理由だ。[16]

以上の筆者の調査から、国際社会、とりわけ英語圏での〈性奴隷〉という用語の初出は、AP通信の記事に求められる。あわせて韓国の状況を確認しておくと、韓国での初出は、一九九一年一月十日の「東亜日報」である。韓国挺身隊問題対策協議会のデモを紹介する文章のなかで、〈性奴隷성노예〉という言葉が登場している。ただし、この記事は、「横説竪説（自由自在に述べたてることの意）」という、「朝日新聞」で例えると「天声人語」のようなコラムであることから、記者

個人の主義・主張を表出するために使用した表現と推察できる。このことから本書では、「言説」として成立しうる背景をもたない範囲での使用と理解し、この意味で〈性奴隷〉という用語の初出ではあるが、メディアが組織的判断に基づいて使用したものとは考えない。その傍証として、第一に、一九九〇年一月の尹貞玉の「ハンギョレ新聞」でおこなった「慰安婦」問題の調査を報告する連載（九〇年一月四日、十二日、十九日、二十四日）に〈性奴隷〉という言葉が登場しないこと、第二に、九一年八月に金学順が、〈慰安婦〉被害サバイバーとして告発をするより前の時期であること、第三に、この記事のあとに〈性奴隷〉が登場するのは九二年五月十五日の「東亜日報」であり、その間一年以上の間があることを考慮して、時期的に「浮いている」ためである。

また、日本国内での初出については、「朝日新聞」一九九二年一月二十一日付で初めて、「慰安婦」問題の記事のなかで「性の奴隷」という言葉を確認することができる。〈性奴隷〉が登場するのは、一九九二年五月十五日の、韓国の「東亜日報」の記事と同じ出来事を報じたものである。この記事のポイントは、朝鮮民主主義人民共和国（北朝鮮）の被害女性が用いた言葉を記事として要約したものであり、日本の「朝日新聞」「毎日新聞」、韓国の「東亜日報」の三社が、同日に〈性奴隷〉という言葉を使用したことが確認できる点にある。

以上のように、本節では〈性奴隷〉の初出が確認できた。この初出の検証を踏まえて次節では、西岡が「朝日」批判の軸としている「朝日新聞」が「慰安婦＝性奴隷」という認識を定着させたかどうかを確認し検証する。

2　主要新聞報道で〈sex slaves〉はどのように用いられたか

ここでは、西岡が問題とした一九九一―九二年の期間に照準して新聞記事（とりわけ「朝日新聞」）を検証するが、あらかじめ注意しておきたいのは、新聞報道が人々に与える影響力について、正確に測定できる指標はなく、「影響がある」という場合にも「ない」という場合にも慎重でなければならないということである。なぜなら、これまでのマス・コミュニケーション研究での「影響」をめぐる議論は、「定説」に至っていないからである。調査の「影響」を図るためのアクターや要素が多く、「影響」は簡単に示すことができないものとなっているのが研究の現状である。この点を踏まえたうえで、本節では、国内の主要新聞が「慰安婦」をどのように〈性奴隷〉として認識していくに至ったか、その経緯を確認する。

「朝日新聞」での〈性奴隷〉の登場頻度について――一九九一―九二年

西岡は、「朝日新聞」が一九九一年八月の記事内で元「慰安婦」の金学順さんについて「強制連行であった」と報じたことを「誤報」または「ねつ造」と断じている。そのうえで、同紙が吉田清治の「奴隷狩り」証言(17)を明確に否定しなかった弊害は大きいと主張する。西岡の認識では、新聞報道が「慰安婦」を〈性奴隷〉として定着させた、すなわち「吉田証言に基づく『慰安婦狩り』、そ

表5　主要新聞の〈性奴隷〉表記登場回数（1991—93年）

		「朝日新聞」	「読売新聞」	「毎日新聞」	「産経新聞」	「日経新聞」
性の奴隷	1991年	0	0	0	0	0
	1992年	3	0	4	0	0
	1993年	1	0	0	0	0
性的奴隷	1991年	0	0	0	0	0
	1992年	0	0	0	0	1
	1993年	5	2	6	1	1
性奴隷	1991年	0	0	0	0	0
	1992年	1	0	2	0	0
	1993年	2	1	0	0	1
合計		12	3	12	1	3

して『慰安婦＝性奴隷』という評価が国際社会に定着しつつある」事態は、「朝日新聞が九一年—九二年に繰り返し誤報をした結果[18]」なのである。

まず、この点から検討していこう。ここで検討が困難なのは、「朝日新聞」の該当記事の報道を「誤報」と断定するべきかどうか、という歴史認識の問題である。「朝日新聞」は二〇一四年八月五日・六日付（いずれも朝刊）で、吉田証言の記事を「誤報」だったと謝罪した。しかし、吉田証言の「影響力」については、「朝日新聞」が二〇一四年十二月二十二日に公開した慰安婦報道検証第三者委員会の報告資料「データから見る『慰安婦』問題の国際報道状況」で、ジャーナリズム研究者の林香里が、メディアの影響力は検討しづらいと留保しながらも、以下のように明らかにしている。海外メディアで取り扱われた「慰安婦問題のイメージ形成に関する記事は三本」であり、さらにそのうち二本は秦郁彦による信憑性への反論も同時に掲載されていること、また、海外の新聞で最も引用されているのは「朝日新聞」だったが、その頻度については「全体の記事の約六％」であり、「慰安婦」問題に直接関係するもので引用されたのは、一九九二年一月十一日付の記事「慰安所への軍関与示す資料 防衛庁図書館に旧日本軍の通達・日誌」だけである。[19]

では、西岡の引用に見られる「慰安婦＝性奴隷」という評価が定着したのは「朝日新聞」によるものなのか。ただし、「強制（性）」については、いまだその定義をめぐって否定派から疑義が出ている最中[20]であり、本節の主題として検討することは控えたい。しかし、「強制（性）」という判断をいったん括弧でくくったとしても、西岡の事実認識には誤謬がある。表5を見てほしい。

表5は一九九一—九三年の「主要新聞の〈性奴隷〉表記登場回数」を示したものである。推移を確認するため九〇—九三年までを調査対象としたが、九〇年はゼロだったことから、記述を省略してある。九三年も入れたのは、西岡が対象とした時期の翌年の変化まで確認するためである。表の数字は西岡が「誤報を繰り返した結果」とするほど多いものとは言えないだろうし、「慰安婦＝性奴隷」という評価が国際社会に定着したことを強調するほど有効な数値でもない。表にあるように「朝日新聞」は三年間で十二回しか使用しておらず、〈性奴隷〉に限定すれば、三回しか登場しない。これが「慰安婦＝性奴隷」という評価を広げたというには無理がある。また、当時の「毎日新聞」も計十二回と、同数の表記登場回数であることから、「朝日新聞」だけがおこなったという主張にも妥当性がない。西岡は、なぜ他社の〈性奴隷〉表記については問題として指摘しなかったのだろうか。

以上からも西岡が、「朝日新聞」の報道を、国際的な影響力をもちうるものとして短絡的に理解していることがわかる。[21]

表6　国内英字紙の〈sex slaves, sex slavery〉登場頻度

		「AEN」（朝日）	「JN」（読売）	「MDN」（毎日）	「JT」
sex slaves sex slavery	1991年	0	0	0	0
	1992年	15（12）	8	12（8）	4（4）
	1993年	18（13）	6	9（3）	3
合計		33（25）	14	21（11）	7（4）

※それぞれ「AEN」:「Asahi Evening News」、「JN」:「The Japan News」、「MDN」:「Mainichi Daily News」、「JT」:「The Japan Times」の略。表の括弧内の数字は、通信社から購入して掲載した記事を指す。この期間の sex slavery 表記は、「AEN」では1992年3月3日、7月7日、8月1日（AP）、93年3月24日、5月13日（共同）、7月27日（AP）、8月4日、8月5日（朝日）、8月6日（AP）、「JN」では92年9月8日、9月19日、「MDN」では93年4月2日（共同）、8月22日、「JT」では93年8月21日に登場。表5と同様に参考までに93年まで調査した。

英字紙でのSex Slaves

同時期のメディアの状況をさらに詳しく検討するために、少し視野を広げてみる必要がある。西岡らが批判対象としている議論のなかに日本の英語紙の報道への言及はほとんど含まれていない。そこで、次に〈性奴隷 sex slaves〉について日本の英字紙がどういった認識を採っていたのか、そして初出であるAP通信がどう報じたのか、資料をもとに解き明かしていこう。

国内英字紙での登場回数をまとめたのが表6である。英字紙が「慰安婦」という対象をどのように認識し、どのように掲載したかを検証すると、同一新聞社でも国内紙と英字紙の間で表現の差異を抽出することができる。なかでも、西岡が批判対象としている「朝日新聞」の英字紙（夕刊）の「Asahi Evening News」は、この期間にどのように〈性奴隷 sex slaves〉という言葉を用いたのか。

「朝日新聞」は一九九六年七月、中学の歴史の教科書に

「従軍慰安婦」が採用されることを取り上げ、「来年度から中学の教科書に登場する「従軍慰安婦」という言葉は、実態を正確に言い表してはいない。（略）英字紙・朝日イブニングニュースは「sex slave」（性的奴隷）とする」（一九九六年七月十九日付朝刊）と紙面で語っている。しかし、実際は記事上で明言するよりもずいぶん前から使い続けている。表6にまとめたように、「朝日新聞」では、「性奴隷」「性の奴隷」「性的奴隷」という表記が「慰安婦」問題の転換点である一九九一年に〇回、九二年に計四回、九三年に計八回登場しているのに対して、表6の「Asahi Evening News」では、同訳語である〈sex slaves〉〈sex slavery〉は、九一年は〇回、九二年に十五回、九三年は十八回と計三十三回も登場している。九三年は、同年内の「慰安婦」問題ほぼすべてに〈sex slaves〉が用いられている。特に九三年になると同訳語はあらかた定着し、十八記事中十五記事が〈sex slaves〉〈sex slavery〉を見出しとしている。

このように見ると、「The Japan News（読売）」よりも「Asahi Evening News（朝日）」のほうが著しく〈sex slaves〉の登場頻度が高いことから、後者の媒体が国際的に「慰安婦＝性奴隷」という認識を「定着させていった」と推論できるかもしれない。しかし、前述のデータから「「朝日新聞」が主導した」という結論は導けない。記事の発行元を検討してみよう。

まず、〈sex slaves〉という言葉を使用する一九九二年の記事のなかで、「朝日新聞」が直接書いたものではない記事が十五回のうち十二回ある。それらはすべて通信社の記事であり、その内訳はAPソウル四回、APジュネーブ一回、ロイター二回、共同二回、共同マニラ三回である。同様に九三年は、十八回のうち十三回、内訳はAP二回、APソウル一回、APホンコン一回、共同五回、共同ソウル二回、共同シドニー一回、ロイター一回である。内訳を見てみると、必ずしも「朝日新聞」の記事が先行していたわけではなく、通信社の取材記事が多いことが判明する。[22]

ただし、「Asahi Evening News」は、複数の記事を合わせた紙面構成をとっていて、また通信社が配信した記事にオリジナルの見出しを付けている可能性があることに注意を払っておく必要がある。[23]しかし、表6からわかるように〈sex slaves〉が用いられている通信社の配信記事の量や、「朝日新聞」の英字紙が夕刊紙であることや発行部数などを考慮すれば、「朝日新聞」の英字版が国際的な影響力をもったという認識もまた、容易に支持されうるものではない。

以上を概観すると、西岡を代表とする保守論壇による「朝日批判」は事実に基づいた主張ではないことが明らかである。ここからは、なぜ彼らがとりわけ一九九一―九二年の報道を批判対象として盛んに論じているのか、その理由を検討する。

3　批判の「形式」へのこだわり

批判の対象とされる時期と現在の〈性奴隷〉認識の間の齟齬

西岡らは、なぜこの時期の新聞報道を批判するのか。通常、こうした長期に及ぶ出来事のなかで対象時期を限定して言及する場合には、合理的な理由が必要だが、西岡をはじめとする保守論壇の議論にはそれがない。同時期の新聞報道によって「『慰安婦＝性奴隷』という評価が国際社会に定着しつつある」状況が引き起こされたとは言えないはずであるにもかかわらず、この時期に焦点化して主張を展開するのはなぜか。

まず検討しておかなければならないのは、西岡、秦、池田など発言力がある保守論者と国際社会の〈性奴隷〉認識の間の差異である。彼らはあたかも最初期の新聞報道による認識が、現在国連が用いる〈性奴隷〉認識に直接的に影響を与えたかのように記述する。しかし、それもまた事実誤認である。

西岡は、歴史学者・吉見義明による、「強制連行」をめぐる定義についての主張を批判する。吉見は、「強制連行」を「詐欺などを含む広義の強制連行」とするべきであり、かつ「権力による強制」がなくても「慰安婦」は「性奴隷制度」だと主張している。それを批判するために西岡が参照するのは、吉見の一九九二年の主張と九七年の議論である。これらを同列に並べ、この間で「論理の飛躍」があるとしている。[24]本節では西岡による吉見批判の詳細は追わない。ただし注目したいのは、前述の吉見批判の形式が、西岡が採用している認識を象徴的に表していることである。すなわち西岡は、九二年と九七年の二つの時期の間に国際社会でなされた議論を参照せずに、直線的に結ぶ／結ぼうとする。この論理はどのような意識のもとで採用されているのだろうか。

まず、この間の国際社会での「慰安婦」問題をめぐる用語定着の経緯を確認する必要がある。現在国際社会が前提としている〈性奴隷〉〈性奴隷制〉という言葉は、国連用語から出発しているものである。一九九三年六月の「世界人権会議ウィーン宣言」で、現代奴隷制という認識に基づき、「武力紛争という状況下でなされる女性の人権侵害は、国際人道人権法の基本原則の侵害にほかならない。とりわけ、殺人、組織的レイプ、性的奴隷と強制妊娠を含むこの種の人権侵害にはすべて、特に効果的な対応がなされなければならない」という言及が、ほぼ最初期の使用として確認できる。以降、国際NGOなどによる国連人権委員会へのはたらきかけがあって九四年に現代奴隷制作業部会で「慰安婦」問題の審議が始められている。[25]そして、九四年、国際法律家委員会（ICJ）が勧告を出すに至った。以上の経緯をもって、「北京世界女性会議」「クマラスワミ報告」を通して、国際的な認識が定着したのである。なお、この際に用いる「奴隷」の定義は本人の自己決定権に反する概念を内包している。[26]

この経緯について、西岡はどのように認識しているだろうか。例えば西岡は、「奴隷」概念について注目し、「奴隷とは、「主人の所有物」となり、金銭の報酬無しに働かされ、殴られても文句の言えない存在[27]」だと述べる。このことから、「慰安婦」は前借り金を返せば自由の身だったのだから奴隷とは言えないと主張する。しかしながら、一九九六年「クマラスワミ報告」の奴隷制の定義は、「一九二六年の奴隷条約第一条（一）」に従って「所有権に伴う権能の一部又は全部を行使されている人の地位又は状態」であり、九八年の「マクドゥーガル報告」では「性的アクセス」もそこに含まれることが明記されている。すなわち、国連の〈性奴隷〉という認識は、これらの法規の定義に基づいているものである。一方、保守論壇では、国際法規上の定義を参照するといった水準で「奴隷」概念の議論をおこなっている形跡はない。

以上の経緯をみれば、一九九一―九二年の新聞報道の〈性奴隷 sex slaves〉表記は、国連を中心として国際社会で採用されている定義に基づいた用語ではないということがわかるだろう。すなわち、最初期の九一―九二年に用いられた報道上の〈性奴隷〉と国連の議論を媒介／経由した〈性奴隷〉が、言語表現上は同じ「記号」であっても、まったく異なる扱いがなされるものなのである。結果として、新聞や通信社が用いた〈sex slaves〉という表記は、国際的に定義が確定する以前の言葉だったといえる。しかしながら保守論壇の西岡らは、国際社会の認識を参照することなく、また用語の意味付けをめぐる推移を無視して、九一―九二年の報道と現在の国際社会の認識との間に強固な連続性を読み解こうとする。彼らの頑なな認識の背景には、現状の「元凶」を「朝日新聞」の報道に還元する戦略的な意図があるのではないだろうか[28]。

メディア間対立をあおる機序

さて、ここまでに、保守論壇による「朝日新聞」批判は、事実誤認のもとで展開されていることが明らかとなった。しかし、それを指摘するだけで終わっていいわけではない。「はじめに」でも取り上げたように、産経メディアは「朝日新聞」の主張を「嘘」とする書籍を英訳してまで拡散しようとしている。重要なのは、「朝日新聞」と「慰安婦＝性奴隷」言説を批判することが、保守論壇でどのような意味をもっているか、である。

前節までの分析を踏まえて、次のように考えられないだろうか。

第一に、主張の内容よりも「朝日を叩く」という「形式」に意味があるという点である。すなわち、内容の正確さ・正当さを捨象してもなお前景化したいのは「党派性」である。言い換えれば、共通の「敵」を名指すことで、「敵対性」を維持する範囲（そのような枠組み）で必要な情報だけを自分たちの主張を強化するために用いる。

西岡らの主張からは、「朝日新聞」を「左派」あるいは「リベラル」と位置付け、その主張を叩くことそれ自体を「形式化＝テンプレート化」する構図が抽出できる。また〈性奴隷〉言説への批判でも、同一記号を根拠とする徹底した形式主義に基づくものであり、たとえ文脈から断絶していたとしても、「朝日批判」では利用可能であるというコミュニケーション・モードを採用している。そして、九一—九二年という特定時期の情報を恣意的に取捨選択し、一点突破による「論破」を志向することで、主張を「正しく」装うことに意識を向けている。

情報の恣意的な忘却について、一つ具体的に指摘しよう。インドネシアでのオランダ人女性を強制連行した資料が公開された一九九三年三月十五日の翌日の「産経新聞」は東京版の朝刊に「従軍慰安婦問題に関する政府調査で十五日、戦犯裁判の資料にオランダ人慰安婦の強制連行に旧日本軍が関与していた記述があることが判明した。慰安婦募集に際して旧軍の強制連行を裏付ける資料が見つかったのは初めて」という記事を掲載した（三月十六日付東京版朝刊）。保守論壇による「強制連行」批判を覆す証拠の発見を示唆する記事である。しかし西岡らは、記事内の資料の検証どころか、当該記事が「産経新聞」に掲載されたこと自体に言及しない。加えて、九三年八月五日に全国紙は一斉に「河野談話」を一面で報じたが、「朝日新聞」が「慰安婦「強制」認め謝罪」としたのに対して、「読売新聞」は「政府、強制連行を謝罪」、「産経新聞」は「強制連行認める」との見出しをつけた。この点からも、「強制連行」と強く結び付けた報道をしたのは、「朝日新聞」を批判する「読売新聞」「産経新聞」の側である。[29] だが、そこにはふれない。これらの事実を棄却しなければ、九一―九二年に限定した「朝日新聞」への批判形式が成立しないためである。

この矛盾を放置するロジックは、「朝日新聞」への批判こそを目的化し、かつアジア諸地域にも及んでいた「慰安婦」問題への批判を不可視化するために駆動しているのだ。のちの女性国際戦犯法廷（二〇〇〇年）では北朝鮮、中国、台湾、フィリピン、ベトナム、マレーシア、タイ、ビルマ、インド、ティモール、チャモロでの被害を取り上げたが、彼らはそれには言及しない。

結果として、保守言説は「われわれ」と「彼ら」を分節化し、自分たちがやろうとする行為（＝歴史の否定）を「われわれ」のうちで徹底して共有することである。このことによって、「朝日新聞」に反駁しようとするから論理に無理が生じる。それは共通の敵を作ることによって、自らのイデオロギーに賛同する人たちの「等価性」を獲得することにほかならない。「「われわれ」は同じ敵を持つうえで等しく仲間である」という手法による対立軸の構築が、メディア間の「党派性」と「緊張」を再生産し続けていると言える。

第二に、「朝日を叩く」ということの商業性である。「朝日新聞」は、二〇一四年八月五日・六日（いずれも朝刊）に「慰安婦」問題に関わる自社報道を検証する記事を掲載した。内容は、吉田清治による「慰安婦」強制連行の証言の誤りを認めたものである。これに伴い、保守メディアによる「慰安婦」問題を否定する思想的キャンペーンが大々的におこなわれた。「読売新聞」「文藝春秋」は即座に批判の新書を出版し、産経新聞社は『歴史戦』を出版した。また「文藝春秋」は「週刊文春臨時増刊」を出し、「WiLL」、「新潮45」（新潮社）、「正論」「Voice」は「特集」「総力特集」などの大見出しで扱った。

こうしたキャンペーンの展開の基底には、第1章でも確認したように、「慰安婦」問題と「朝日新聞」を関連付け、両者を明確な「敵」とする認識がはたらいている。雑誌メディアが「朝日新聞」を批判するようになった経緯は、すでに上丸洋一によって詳細に検討されている。上丸によれば、一九七〇年代には「正論」「諸君!」は「新聞批判」を「売れる」テーマとして認識していたという。[30]しかし、「朝日新聞」を名指しして特集を組むまでには至らなかった。転機は、文部省が歴史教科書で「侵略」を「進出」と書き換えさせたという「誤報」が中韓両国からの批判を浴びることになった一九八二年に訪れる。[31]国内でもこの「誤報」を掲載した「毎日新聞」を除く新聞各紙は批判され、訂正とおわびを掲載することになった。こうした風潮のなかで、「諸君!」「正論」は、「朝日新聞」をソ連と重ね合わせて攻撃し続けた。重要なのは、「文藝春秋」の編集者・金子勝昭が、同誌の雑誌作りについて一九八三年に次のように語っている点である。「面白くないと売れない」「事の善悪よりもその美醜によって判断する傾向」「知性、理性といったものよりも感性の方が働きやすい」「〝反共〟のプランが実現したとしても、それは論理的判断によるものではなく(略)面白いか面白くないかという感覚的な判断による」「威勢のいい非難の方が第三者には面白い」。[32]上丸は、金子の編集方針を参照しながら、商業誌が「味方(われら)か/敵(やつら)か」という二項対立の構図を設定していることを指摘し、その心性を排他性という「世界の向き合い方」にあると分析する。[33]

「慰安婦」問題以前からすでに保守雑誌メディアでは「朝日新聞」を叩くと「売れる」という商業的図式を共有していた。「歴史」をめぐる「朝日新聞」を「敵」と認識する土壌は一九八〇年代にはすでにあったのだ。すなわち、その後展開される保守論壇による「朝日」批判は、第1章でふれたように、メディアの「逆張り」「バックラッシュ」の現象として考えていいだろう。

おわりに

本章で検討してきたことを以下のようにまとめよう。当時の報道資料をもとに〈性奴隷 sex slaves〉をめぐる国内外の主要紙の掲載経緯を検討した結果、一九九一―九二年の「朝日新聞」の報道が「誤報」だったとしても、それ自体が直接的に「慰安婦＝性奴隷」という評価を決定付けた、しかも「国際社会に定着」させたとは言えず、西岡の事実認識には誤りがある。さらに、保守論壇がこの期間の「朝日新聞」による報道を批判する形式にこだわったことには理由があった。それは、国連などでの〈性奴隷 sex slaves〉という用語定着の経緯をあえて忘却することで、現在国際社会を中心として量産されている「慰安婦＝性奴隷」という認識を、「反日メディアである「朝日新聞」」が作り上げたかのような印象を与えるためであった。しかし、このロジックは、従軍慰安婦をめぐる問題を日韓二国関係に限定し、矮小化しなければ整合性を保つことができない。自らの論理にほころびを抱えながらも保守論壇が前述の批判形式に固執するのは、彼らは、主張の正当性・正確性の獲得が目的なのではなく、メディア間の対立をあおり、「われわれ―彼ら」関係を作る「党派性」の形成にこそ執着しているためではないか。

本章では、メディア間の対立を先鋭化させた言説の一例を〈性奴隷〉という用語をめぐる認識やその扱われ方から検討してきた。その結果、メディア間の対立を主目的とした事実の誤認と論理の飛躍があったことが確認できた。このことは、議論の内容よりも「メディア間の対立」という「形式」を重視していたことの証左である。歴史修正主義は、こうした新聞批判を仕掛けることによって、自らの立場を構築していったと見られる。

このようなやり方からは、現在のインターネット上のマスコミ批判にも同様の形式を読み込むことができるだろう。「マスゴミ」と蔑称しながら、規模の小さなメディアや個人が大手新聞社を揶揄し、それが拡散していく。「われわれ」の陣営（ネット民？）と「彼ら」の陣営（マスコミ）という図式が先鋭化することで、マスコミの報道は「偏向」「印象操作」と捉えられ、事実よりも「党派性」のほうが重視される。「彼ら」は嘘つきで、「われわれ」が正しいとする前提の共有は、たとえ破綻した論理でも、事実に優先される。そして、「彼ら」の言葉をくじいたり、とまどわせたりする。

続く終章ではこれまでの分析の知見をまとめ、一九九〇年代の政治とメディア文化の状況を総体としてまとめていくことにしよう。

注

（1）「朝日新聞」二〇一三年六月五日付

（２）“Japanese mayor: Wartime sex slaves were necessary（「日本の市長：戦時性奴隷は必要だった」）”（http://bigstory.ap.org/article/japanese-mayor-wartime-sex-slaves-were-necessary）［二〇一三年十月二十五日アクセス］。記事はＡＰ東京発。
（３）西岡力「この度し難き鉄面皮朝日新聞の頬被り」「正論」二〇一三年八月号、産経新聞社、五九ページ
（４）補足をしておくと、「朝日新聞」は説明責任を果たしていないとして「正論」と西岡は「朝日新聞」に公開質問状を送っていて、例えば「［質問④］「日本軍慰安婦は性奴隷だった」との評価は、国連で一九九六年に人権委員会に提出された「クマラスワミ報告」で初めて明確化され、これを端緒に広まった。（略）貴紙は繰り返し報道し、社説でも取り上げていて、肯定的に評価していると理解している」とも主張している。しかし、「朝日新聞」は「考えを示すつもりはない」と回答したことを報告している（前掲「この度し難き鉄面皮朝日新聞の頬被り」五九ページ）。
（５）前掲『慰安婦と戦場の性』一一―一四ページ
（６）西岡力『従軍慰安婦論は破綻した』日本政策研究センター、一九九七年、一一ページ
（７）池田信夫「性奴隷、ＮＹタイムズへの公開質問状」、「総力大特集 亡国のメディア、売国のメディア」「WiLL」二〇一三年三月号、ワック、二四〇―二四八ページ
（８）前掲『慰安婦と戦場の性』三三八ページ
（９）検証に使った新聞資料は以下のとおりである。「朝日新聞」：「朝日新聞記事データベース 聞蔵Ⅱビジュアル」、「読売新聞」「The Japan News」：「読売新聞記事データベース ヨミダス歴史館」、「産経新聞」：「産経新聞 ニュース検索サービス The SankeiArchives」、「ＡＰ通信」：「AP News Archive BETA」（http://www.apnewsarchive.com/APDefault/）［二〇一三年十月二十五日アクセス（二〇一七

年十一月十四日現在はリンク切れ)」、「Asahi Evenig News」：本紙、「Mainichi Daily News」：本紙、「The Japan Times」：マイクロフィルム（雄松堂書店）。

（10）前掲『よくわかる慰安婦問題』一六二―一六三ページ

（11）戸塚悦朗「日本軍性奴隷制問題への国際社会と日本の対応を振り返る」「戦争と性」第二十五号、「戦争と性」編集室、二〇〇六年、一二四ページ

（12）売買春問題ととりくむ会編『「慰安婦」問題国連関連文書』売買春問題ととりくむ会、一九九四年、三ページ

（13）"Economie and Social Council," United Nations,（http://www.un.org/en/ga/search/view_doc.asp?symbol=E/CN.4/1992/SR.30/Add.1）［二〇一三年十月二十五日アクセス］

（14）"JAPAN ADMITS ITS ARMY PROCURED PROSTITUTES FOR WWII SOLDIERS," *AP News*,（http://www.apnewsarchive.com/1992/Japan-Admits-Its-Army-Procured-Prostitutes-for-WWII-Soldiers/id-b009815769faa6f0873d1a548ec2d51d?SearchText=sex%20slave%201992;Display_）［二〇一三年十月二十五日アクセス］

（15）"PRIMARY SCHOOL GIRLS USED AS SEX SLAVES FOR JAPANESE TROOPS IN WWII KELLY SMITH TUNNEY"（http://www.apnewsarchive.com/1992/Primary-School-Girls-Used-As-Sex-Slaves-For-Japanese-Troops-In-WWII/id-470f172d08d385b59c3fc5d21c6d7546?SearchText=sex%20slave%20 1992;Display_ Jan. 14, 1992）［二〇一八年一月二十日アクセス］。この記事について、西岡は韓国で同じ内容の記事を書いた連合通信社（現・聯合ニュース）記者の金溶洙に取材をしている。当初の記事では「挺身隊」と「慰安婦」の混同があったようだ（西岡力『増補新版 よくわかる慰安婦問題』〔草思社文庫〕、草思社、二〇一二年、四九―五四ページ）。

(16)「[とうきょう異報人]「従軍慰安婦」用語変えた心配」「毎日新聞」東京版、一九九二年十二月二十六日付夕刊

(17) 吉田証言とは、吉田清治が『私の戦争犯罪――朝鮮人強制連行』(三一書房、一九八三年)のなかで、済州島などで朝鮮人「慰安婦」を強制連行したと証言したもの。吉田は一九八〇年代に謝罪活動をおこない、「朝日新聞」もその様子を報じている。しかし、のちに済州島の新聞や秦郁彦などによって反証がなされて、本人も創作だと認めた。

(18) 前掲「この度し難き鉄面皮朝日新聞の頬被り」五九ページ

(19) 慰安婦報道検証 第三者委員会 (http://www.asahi.com/shimbun/3rd/3rd.html)〔二〇一七年八月三十一日アクセス〕、一七、二三ページ参照

(20)「強制」の定義をめぐって否定派との間では認識の差異がある。安倍晋三は第一次内閣総理大臣期には、「官憲が家に押し入っていって人を人さらいのごとく連れて行く」という「強制性」はなかったとしている。他方で、広義の「強制性」は誘拐、人身売買、(前借金を含む)強制労働を含んでいる(「Q&A」FIGHT FOR JUSTICE〔http://fightforjustice.info/?page_id=166〕〔二〇一三年十月二十五日アクセス〕)。「強制性」をめぐる定義のうち、国際法の枠組みを反映しているのは後者である。ただし、二〇〇七年の政府見解や保守論壇では、前者のような狭義の「強制性」を採用している。

(21) 加えて、西岡の主張を批判することができる。西岡は「読売新聞」が二〇一三年五月十四・十五日付の記事で、一九九二年当時の「朝日新聞」の記事が事実を誤認していると指摘していることを引き合いに出し、「日本最大の発行部数を持つ読売新聞が筆者と事実認識を共有するに至ったことに感慨を覚える」とまで述べて高く評価している。このように「読売新聞」が正当/正統であると読解することは妥当だろうか。

確かに、「読売新聞」は、一九九〇年代に〈性奴隷〉という言葉を五回、〈性的奴隷〉を十八回使っている。だが、大半は国連の勧告の引用である。二〇〇七年以降は、国際社会の「慰安婦＝性奴隷」という認識に対して批判的意味を込めて記述している。社のスタンスを象徴するのは社説である。「読売新聞」は、「社説 慰安婦問題 核心をそらして議論するな」（二〇〇七年三月七日付東京版）、「慰安婦決議 米議会の「誤解」の根元を絶て」（二〇〇七年六月二十八日付東京版）、「慰安婦決議 誤った歴史の独り歩きが心配だ」（二〇〇七年八月一日付東京版）、「慰安婦決議 欧州での連鎖反応が心配だ」（二〇〇七年十二月十五日付東京版）という見出しからもわかるように、「慰安婦」問題への「誤認」を批判・危惧しながら報道している。以上を見るかぎり、確かに「読売新聞」は「朝日新聞」と異なる認識に立っていると思われる。

ところが、「読売新聞」系の英字紙「The Japan News」では、一九九二年七月四日付にソウル特派員が〈sex slaves〉の語を使用していて、九月八日付の記事では読売のスタッフライターが見出しに〈Sex Slavery〉の文字を掲げ、本文中で“South Korean women forced to work as sex slaves (comfort women) for the Japanese Imperial Army during World War II（「性奴隷（慰安婦）として第二次大戦中に日本帝国軍のために働くことを強いられた韓国女性たち」）”と、強制性を示した記述もしている。一例に限ったものではなく、一九九三年に二回、九四年に二回、九五年に二回、九六年に二回、九七年二回の頻度で（決して多くはないけれども）“forced to serve as sex slaves”といった表現を見つけることができる。一九九一—九二年の間に登場する〈sex slaves〉の表記は八回ある（一九九三年は六回）。本紙では九二年まで一度も出てこず、九三年に三度登場するだけであるため、決して多い数とは言えないが、本紙と英字紙を比較するとその認識に大きな違いがあることはうかがえる。

ただし、二〇〇七年からは、「The Japan News」も「読売新聞」の社説をそのまま英字化し、〈性奴隷〉批判の態度を如実にとっていく。きっかけは、二〇〇七年三月七日付の“EDITORIAL / Don't misinterpret comfort women issue（「社説 慰安婦問題を誤って解釈するな」）”であり、同日付「読売新聞」の「社説 慰安婦問題 核心をそらして議論するな」の英訳である。

以上を考慮すると、二〇〇七年以降〈性奴隷〉批判に転じている「読売新聞」でも、当初から〈性奴隷〉という認識も強制のニュアンスを含む語法も決して否定しているわけではないことがわかる。だとすれば、西岡は「The Japan News」もまた「誤報を繰り返し」ていると言わなければならなかったのではないか。したがって、ここで見たように「朝日新聞」に対して批判的なスタンスを採る「読売新聞」の立場を正当化することもまた過剰な記述であると言わなければならない。

(22)「本章の問題意識」でも取り上げた、秦郁彦による「The Japan Times」が一九九四年秋頃から〈sex slave(ry)〉を慣用するようになり、それに「朝日イブニングニュース」も追随しているとした経緯の認識についてである（前掲『慰安婦と戦場の性』三三八ページ）。これは妥当だろうか。

すでに見たように、史実としては通信社の記事をもとにした「朝日新聞」の記事が先行していて、「朝日新聞」が「The Japan Times」に「追随」していたわけではない。「The Japan Times」が一九九四年頃から〈sex slaves〉という語を使用するようになったのは事実だが、この経緯を単純に「反日」偏向とだけ認識するのは早計である。なぜなら、一九九二年五月十六日付の記事では早くも国連現代奴隷制委員会が「慰安婦」と呼ぶことは彼女たちが日本軍を励ましたような印象をもつ婉曲表現だと批判していることを認識し、九三年六月のウィーン世界人権会議で sex salve issue として議題に取り上げることを報道していることに加え、同年八月には国連が性奴隷制として二度の調査をすることを報じている。それ以前には通信社の記事内にしか〈sex slaves〉は登場せず、すなわち秦が示すような反日偏向的な報道が先行しているとは考えにくい。以上から確認できるのは、あくまで国際社会のニュースを報じるうえでの対象の選択だったということである。
（23）複数の記事の合同紙面であることをめぐっては、「Asahi Evening News」一九九二年九月十九日付に"First Filipino Former Sex Slave Steps Forward"という見出しの共同通信マニラが報じた記事がある。この記事の本文中には〈sex salves〉という用語は出てこない。しかし、見出しと写真キャプションにだけ〈sex slaves〉が登場する。この写真とキャプションはロイターによるものである。同じパターンの紙面構成は同月二十六日付にも登場する。もしこの記事の見出しを「Asahi Evening News」が付けたとするのなら（そしてロイターのキャプション付き写真を添えたなら）、「朝日新聞」は〈sex slaves〉という表現を強く意識して紙面を構成していたことになる。
そうした点を再度検討しうる事例がある。「朝日新聞」が独自に見出しを付けている可能性についてである。通信社の記事の見出しや記事内容の一部変更は、契約事項に沿ってルール付けられているものが多い。「Asahi Evening News」での〈sex slaves〉の初出は、一九九二年一月十六日付の"Korean Primary School Girls Allegedly Used as Sex Slaves for Japanese Troops（「伝えられるところでは、韓国の小学生女児が日本軍のために性奴隷として使われた」）"という記事である。これはAPソウルによる記事を載せたものである。実は、まったく同じ記事を「The Japan Times」が、その前日一月十五日付（三面）に"Sex corps allegedly drafted young girl"という見出しで掲載している。元記事についてAPのアーカイブスからは発見できなかったが、同時期に、同じ内容（文面は異なる）を記述した一九九二年一月十四日付のAPの記事には、"PRIMARY SCHOOL GIRLS USED AS SEX SLAVES FOR JAPANESE TROOPS IN WWII"（http://www.apnewsarchive.com/1992/Primary-School-Girls-Used-As-Sex-Slaves-For-Japanese-Troops-In-WWII/id-470f172d08d385b59c3fc5d21c6d7546?SearchText=sex%20slave%201992;Display_）［二〇一三年十月二十五日アクセス］というタイトルが付いているものがあった。ここから「The Japan Times」が見出しを変更した可能性も否定できない。少なくとも現時点では、これ以上の実証はできない。

とはいえ、「Asahi Evening News」がＡＰなど通信社の記事を使いながら、見出しに〈sex slaves〉という語を明示的に使用していた点を考慮すれば、「慰安婦」を sex slaves とする認識をもっていたことは一定程度確認できる。しかし、こうした紙面の作り方が「Asahi Evening News」に特有かと言えば、そうとはかぎらない。こうした通信社の記事から〈sex slaves〉が描かれていくという特徴は、「The Japan Times」でも、「毎日新聞」の「Mainichi Daily News」でも顕著である。「The Japan Times」では、初めて〈sex slaves〉の文字が登場してから四記事連続でＡＰと共同の記事が用いられている。

他方でＡＰ通信は、第1節で見たように、社として一九九二年の段階で記述の統一をはかっていた。先に初出としてあげた同社の記事には、「三人の韓国人女性は中国で売春婦として働かされた were forced to serve as prostitutes と言った」というように強制性を認め、「朝鮮人女性を性奴隷として徴用するためのシステマティックなスキームのなかで、七万〜二十万の若い女性たちが家から強制的に連れて行かれたと韓国の団体が主張している」と記されている。ただし、ここに団体名は書かれていないため、複数ある韓国の団体から特定することはできないし、特定の人物の発言として引用符付きで表現しているわけではないため、記者の認識か、団体の主張で直接言及した言葉なのかどうか判然としない。管見のかぎり、現時点で誰が（どの運動が）最初にこの言葉を使用したのか、はっきり述べている文献は見当たらない。実証のためにはインタビューなどを含めた調査が必要である。

ここまで見てきたように、「朝日新聞」が「誤報」を繰り返した結果、「慰安婦＝性奴隷」認識が定着したという西岡らの論説には、「誤報」と認識の定着の間のつながりを示す有効な資料があるわけではなく、過剰な記述であることがわかる。また、「朝日新聞」が主として〈性奴隷〉という表現や「強制」をにおわせる表記を使っていたのは、むしろ英字紙のほうでありそれらは通信社による記事が多い。「読売新聞」も英字紙で、一九九一―九二年の時期に〈性奴隷〉表記や強制のニュアンスを用いていたのであり、資料から判断するかぎり、批判の矛先を「朝日新聞」だけに向けるのは妥当とは決して言えない。

(24) 前掲『増補新版 よくわかる慰安婦問題』一三四―一三五ページ

(25) 戸塚悦朗『日本が知らない戦争責任――国連の人権活動と日本軍「慰安婦」問題』現代人文社、一九九九年、四四―五四ページ

(26)「奴隷制」の定義をめぐる国際社会の変遷で、日本政府に責任と賠償を求める視座から、戦争犯罪の責任者処罰と被害者の正義の回復を求める視座へとこの問題を捉える枠組みが固定していく。その頂点が当時の国際法を用いて日本でおこなった、戦時性暴力の構造を審議した「日本軍性奴隷制を裁く女性国際戦犯法廷」(二〇〇〇年、東京)だったと言えるだろう。

(27) 前掲『増補新版 よくわかる慰安婦問題』一三七ページ

(28) 現在でも、次のような記事が再度繰り返される。二〇一三年の橋下発言が世界中に広まっていったそのさなか、「東京新聞」が「都議選惨敗の維新・橋下代表 従軍慰安婦問題「強制連行」資料あった」(六月二十五日付web版。「しんぶん赤旗」では二十三日付掲載)と報じた。この記事には、二〇〇七年の政府見解のもとになっている資料のなかに、インドネシアでのオランダ人女性を強制連行した資料があった、とするものである。興味深い記事だが、保守論壇からの具体的な応答はあまり見受けられない。というのも、この主張も資料もすでに知られているものであり、保守論壇はこの件について、末端兵士による事件でありすでに実刑となっているために解決済みであると主張する。

しかし、本章で検討した結果から判断できることは、一九九一―九二年に限定して「朝日新聞」への批判の語気を強めるためには、この事実を除外していなければその批判が成立しないということである。もし仮に韓国だけを対象とする議論をするのであれば、そのほかの地域の問題を捨象する機制になる。このことから、周知のとおり現在の「慰安婦」問題が日韓二国間の問題ではない点がこれらの記述からは除外されていて、そのうえで議論は韓国が敵であるかのように意識付けるように作っていることがわかる。

(29) 前掲「『産経新聞』の〝戦歴〟「歴史戦」の過去・現在・未来」二二ページ
(30) 前掲『『諸君!』『正論』の研究』三二六―三二八ページ
(31) 日本の近隣諸国との歴史認識問題は、一九八〇年代を一つの転換点としている。家永三郎の教科書裁判が継続されていた折、八二年に文部省が教科書の「侵略」を「進出」と書き換えさせたという「誤報」が中韓両国の批判を浴びることになった。
「日本を守る国民会議」は、教科書への批判を不当な干渉と捉えた。と同時に、「政府の責任において是正する」という政府の姿勢にも強く反発した。この問題意識から、教科書問題懇話会を開催し、独自の教科書作りに着手する。一九八五年には原書房を通じて『新編日本史』の検定を申請するが、多くの修正を余儀なくされ、翌年出版したが教育現場ではごくわずかしか採用されず、事実上消滅していった。だが、これらの動きは「右翼教科書」として韓国や中国からの批判を強める大きなきっかけになった。
(32) 前掲『『諸君!』『正論』の研究』三四三―三四四ページ
(33) 同書三五四―三五六ページ

終章　コンバージェンス文化の萌芽と現代——アマチュアリズムの行方

——彼等は、自分達の話が、軽率で、あやふやであることはよく承知している。彼等はその話をもてあそんでいるのである。言葉を真面目に使わなければならないのは、言葉を信じている相手の方で、彼等には、もてあそぶ権利があるのである。話をもてあそぶことを楽しんでさえいるのである。なぜなら、滑稽な理屈を並べることによって、話相手の真面目な調子の信用を失墜出来るから。彼等は不誠実であることに、快感をさえ感じているのである。なぜなら、彼等にとって、問題は、正しい議論で相手を承服させることではなく、相手の気勢を挫いたり、とまどいさせたりすることだからである。

（J－P・サルトル[1]）

本書の問いに立ち戻ろう。本書の関心は、歴史修正主義の「知」の形式はどのようなもので、そしてどのようなメディア文化によって、どのように形成されてきたのか、というものだった。終章では、各章で分析された知見をまとめ、本書の結論を導く。とりわけ、序章で紹介したヘンリー・

ジェンキンスの「コンバージェンス文化」という視点から再度整理し、補足を含めて前述の問いに解答を与えていく。

一九九〇年代に大きな盛り上がりを見せ始めた歴史修正主義は、市場原理を用いたメディア文化と参加文化、そして集合的知識を利用して普及していった。ここから示唆されるのは、現在のメディア文化と政治言説の特徴は、インターネット以前からすでに形成されていたという事実である。そして本書が最後に捉えたいのは、九〇年代にできあがった基本フォーマットが、インターネット以後の世界、すなわち現在、加速度的に広がりを見せている情況である。

1　コンバージェンス文化の萌芽

コンバージェンス・参加・集合知

序章で示した本書のアプローチを思い出そう。本書は、ヘンリー・ジェンキンスの「コンバージェンス文化 convergence culture」を参照して論を進めてきた。コンバージェンス文化とは、コンテンツの生産—消費をめぐる現代的な文化現象を指す。すなわち、複数のメディア・プラットフォームが共存するなかで、コンテンツは各プラットフォームを横断して消費され、それに人々が参加していく特徴を有している。収斂の過程は多様で複雑だが、ジェンキンスは、集合的な知識の形成を、コンテンツを制作する企業側と消費する人々との間の緊張や同調といった相互作用の過程に求め、文化現象として包括的な視座から読み解いている。

本書は、序章で歴史修正主義言説への参加者をメディア文化の「シリアスなファン」とも捉えられると述べた。ジェンキンスは、インターネット文化でのファンダムのあり方を積極的な分析対象としているが、インターネットを中心としない本書でも、一つの対象が展開される複数のメディア・プラットフォームを横断的に分析し、コンバージェンス文化と呼ばれる現象（の萌芽）を捉えることができたのではないか。インターネットは、人々に参加の機会を広く与えることになった技術革新である。しかしながら、インターネットの普及以前にも、人々の側に、「参加」と「私たちで答えを出そう」という「集合知」への欲望はあったのである。それこそまさに、本書で繰り返し指摘した読者参加型の言説構築や、消費者評価の上昇という事態が政治言説にも適用されていく一九九〇年代の時代状況である。もし本書の分析が正しいならば、ジェンキンスが指摘するような参加型文化と集合知といったコンバージェンス文化の下地は、インターネット以前（直前？）の時期にすでに確認できることになる。

コンバージェンス文化の萌芽

各章で分析した歴史修正主義の「知」に形式を与えているメディア文化の特徴は、次の三つに区分できるだろう。

第一に、歴史修正主義の知は、「アマチュアリズム」のなかで展開されているという点である。歴史修正主義を担っている知識人、政治家あるいは運動家は、そのほとんどが「歴史」に関する専門家ではなく、また実証的根拠が薄弱な文献の引用からその言説を作り出していた。そして、それらは陰謀論などを前提に「演繹」的に現状を構成する方法をとっていた。この特徴こそアマチュアリズムの知の実践と言えるのかもしれない。渡部昇一も歴史の専門家では（政治の専門家でも）ないし、歴史修正主義的観点にオリジナリティーはない。

「アマチュア」とは、専門家の劣位におかれる「素人」「ファン」「趣味」を指す言葉だが、決して悪い意味だけで捉えられてきたわけではない。(2)むしろ専門家がある特定の枠組みや手続きを共有する存在や共同体の呼び名として使われるのに対して、自由に発想し、枠組みを揺るがしたり超越したり世界にインパクトを与えうる存在としても理解されてきた。例えば、ハッカーの文化にはまさにそうした側面がある。こうした「アマチュアリズム」のあり方は、専門家の知と常に競争し、双方が参照できる関係にある。

しかし、歴史修正主義者の「アマチュアリズム」は、その参照関係が切れている。ここでのアマチュアは、同じ主張を繰り返し、集合知の枠組みを共有・強化する。さらに、イデオロギーを前面化し、より広範な「アマチュア」の「参加」によって、対立するイデオロギーへの「論破」のフェティシズムを体現していった。「つくる会」の藤岡信勝が「専門家の時代の終わり」を告げたように、アマチュアリズムの知性は、エビデンスに基づかなくても目の前の「ディベート」に勝ちさえすればいいという知的態度を推奨していった。それは実は「論破」に至らなくても（マウントをとって屈服させなくても）、有効な言葉を繰り出し、相手の主張を相対化することで価値を得られるゲームである。第2章で取り上げた国際ディベート学会会長の松本道弘が、稲田朋美を「貴重なディベーター」として称賛したことも決して偶然ではないだろう(3)。

第二に、歴史修正主義の新しいアマチュアリズムの知のあり方が普及していく際に、商業メディア文化が媒介になっていた。すなわち、政治言説を商品として流通させたのだ。このことは、専門家の評価が重視されていた政治言説が、消費者の評価が重視される対象へとシフトしていくことを意味している。制作者側に関わるメディア市場の状況が、ビジネスとして政治言説を流通させたことで、政治言説はそれまでに消費されていた文化の境界を曖昧に超え、サブカルチャーやそのほかメディア文化との関連を強めていった。

ディベート自己啓発書のような商業出版物は、政治言説の共有知として論破マニュアルに転化していき、大塚英志が喝破したように論壇誌の「サブカルチャー化」は、まさに政治言説の「アマチュア化」「商品化」「参加文化化」を物語っていた。また小林のマンガは「読者参加」を募り、「読者」を誌面に反映させることで、あらかじめ消費者評価を前提とする言説空間を構築していった。

第1章でも述べたように、すでに現在のメディア市場では、さまざまなメディア・プラットフォームで活動する人物がほかの領域(論壇やテレビ番組など)にまたがって歴史修正主義の言説を普及・循環させている。その嚆矢は、小林よしのりであり、稲田朋美だろう。小林は漫画家でありながら、マンガ誌ではない媒体で政治的マンガを描いて、論壇に登場し、テレビでも活躍した。アマチュアの文化消費者だった稲田も同様である。メディア制作者も、小林、稲田といった参加型文化に親和性をもつ人物を登用した。アマチュアであっても、収益機会と市場を拡大し、消費者との関係を補強するため、新たな商品として(新たな商品言説の担い手として)彼らを積極的に登用していく。ここには、「想像の読者共同体」を維持することで、自身と同じ考えをもつ他者の存在を可視化する機序が確認された。

第三に、メディア市場の競争によって、メディア産業間の対立そのものが先鋭化してくる。小林が書いた「「朝日新聞」と「産経新聞」どちらが正しいか?」に象徴的なように、雑誌ジャーナリズムでは、ほかのメディア、特に「朝日新聞」と敵対することで反対者（「反左翼・反リベラル」）の票を集め、売り上げを意識した企画を構成する。それは、二〇一四年の朝日バッシングに典型的なように、キャンペーンとして展開される。

ただし、その内実を分析してみると、第5章で検討したように、批判の内容が事実に基づいていないことがある。事実に根拠を置こうとしない批判の応酬は、特定のイデオロギー批判をその目的としているため、雑誌制作者・執筆者と消費者コミュニティの党派性を前景化させ、結果としてそれぞれのメディア文化の性質による対立構図だけを創出させる。

以上のように、歴史修正主義の知は、「アマチュアリズム」「参加型文化」「政治言説の商業化（サブカルチャー化）」「メディア市場の対立・緊張」というメディア文化の特性と絡み合いながら形成されてきた。すなわち歴史修正主義は、自らの枠組みにそぐわない事実を否定し、対立する議論を相対化し、サブカルチャーや商業メディアで持論を共有・拡散し、党派性を保持することで「主張」を形成してきたのだ。

2　コンバージェンス文化の現在

コンバージェンス文化の現在

以上のように本書は、一九九〇年代日本の歴史修正主義のメディア文化（政治とエンターテイメントメディアをめぐるメディア文化）にコンバージェンス文化の萌芽を捉える。ただし、第1章で近年の動向を示しておいたように、メディアの横断はインターネットを経由し、コンテンツの表出と消費は、出版メディアに限らず複数の方法で編み出されている。やはり、インターネットを「はしご」として、コンバージェンス文化は加速度的に熟成しつつある。ジェンキンスは、複数のメディア・プラットフォームが同時に消費者との関係を利用・活用することで、古いルールが変化へと促され、企業が消費者との関係に再協定を形成していく、と考えていた。[4] では、どのようなルールの変化があるだろうか。また、「はじめに」でも述べたように、本書の射程は、九〇年代にとどまるものではない。このルールの変化とは、「ポスト真実」「フェイクニュース」あるいは（好まない言葉だが）「反知性主義」という現代を特徴付けるワードとどのように関わるのだろうか。最後に、インターネット登場以降の社会状況を踏まえ、コンバージェンス文化の現在を考えたい。

第一に、メディア文化とメディア市場の性質そのものの変化がある。インターネットによって、接続するすべての人は潜在的な「参加者」に変化し、表現上は「匿名」として顕在化した。そして、情報が循環する速度は、インフラとメディア・プラットフォームの整備によって飛躍的に向上した。

だが、序章で確認したように、インターネットに現れている歴史修正主義や排外主義に関わるいわゆる「ネトウヨ」は、ごく少数の「シリアスなファン」であり、「アマチュア」である。とはいえ、この事実は余計に歴史修正主義を調子づかせる。なぜなら、第3章で指摘したように、彼らの登場が「自分と同じ考えをもつファナティックな他者」を可視化するからである。そして、「参加者」の「熱量」が大きければ大きいほど、狂信的な他者の価値は上がる。このサイクルは、SNSに代表される「見たいものしか見ない」インターネットのつながりの仕組みと親和性が高い。そして、言説が循環する構造は、匿名の参加者の「タダ働き」によって支えられている。これが現在のメディア文化の状況だと考えられる。

ウェブ・ビジネスも忘れてはならない。インターネットは情報に対する無料アクセスを可能にした文化だが、同時に「広告収入文化」でもある。YouTuber による広告を入れた動画は再生ごとに〇・一円が投稿者に入る（ほかのプランもある）。「Google」などの広告もウェブサイトにプラグインすることができる。この仕組みは、「フェイクニュース」が生産される下地ともなった。二〇一六年、ドナルド・トランプとヒラリー・クリントンの大統領選で、トランプ支持の「フェイクニュース」がマケドニアで作られていたと判明し、大きな話題となったことは記憶に新しい。制作者の若者たちにトランプへの政治的支持はない。ここには、政治的思惑よりも、英語圏という巨大市場、物価差による相対的に高価な広告収入、ニュースサイトを作るキットの流通が大きく関わっている。(5)

第二に、情報に対する「査読」「編集」（＝オーソライズ）の消失、あるいはそれらの機能の著しい低下という変化がある。本書で扱ったインターネット以前のメディアでは、編集者が存在していて、読者がそのメディア文化に「投稿」という形で参加するにしても、（専門誌に比べれば緩いとしても）編集者による「査読」をパスしなければならなかった。査読をクリアするために、当該雑誌や編集者が使う枠組みに依拠するとはいえ、最低限「他者」の目を意識し、同じ枠組みで整合性がとれる主張に仕上げる必要があった。

しかし、インターネットの世界にはそれはない。私見ではあるが、近年「雑なネトウヨ」が増えている印象がある。一九九〇年代の歴史修正主義からも文脈が断絶し、共通の知的枠組みさえ共有できていないような主張が散見されるのだ。おそらく、この背景には、「査読」や「編集」が機能しない世界になったことが関係しているのではないだろうか。もちろん若い世代が、例えば「慰安婦」をめぐる問題が過去のものになっていると理解していることも関係するだろう。

以上を踏まえ、次のようにまとめよう。これまでに形成されてきたコンテンツ制作者と消費者の間の関係は、「産業―消費者」から、「制作者としての消費者―消費者」へと移行しつつある。そして、産業はそのアマチュア同士の関係のプラットフォームをどのように維持するかを課題としている。コンバージェンス文化の現在は、両者をめぐる緊張関係の様相の大きな変化とともにあるのである。

歴史修正主義の知のあり方――ゲームの違い

　もはや歴史修正主義の知のあり方は、完全にコンバージェンス文化の時代に入ったと言っていいだろう。第1章で見たように、インターネット発の「アマチュア」参加者が論壇や書籍、テレビ番組に登場している。ネットを中心に活動していた古谷経衡（ツネヒラ）は二〇一五年から『ビートたけしのＴＶタックル』に出演している。『ビートたけしのＴＶタックル』の制作会社がオフィストゥーワンであり、彼がそこの所属だからだ。だが、同時にこの会社は『ニュースステーション』に制作協力をしていた。一つの対象が、インターネット、論壇、書籍、テレビ、サブカルチャーを横断するという文化現象はすでに起きている。そのほかにも、二〇〇三年に始まった政治・経済・社会を扱うバラエティー『たかじんのそこまで言って委員会』（読売テレビ系、二〇〇三年―。現在は『そこまで言って委員会ＮＰ』）では、花田紀凱、櫻井よしこ、村田晃嗣、竹田恒泰などの保守・右派論者を積極的に番組に起用していった。花田は保守論壇誌「WiLL」の編集長時代から「ニコニコ動画」「YouTube」のコンテンツを同時に展開してもいる。

「ゲームが違う」。本書は冒頭でそう記した。歴史修正主義の知のあり方は、徹底的にアマチュアリズムと市場原理を前提にしている。アマチュアたちの集合知は、言説空間に参与することで構築されていったのだった。すなわち、エンゲイジメントすること（「論破」したり、「いいね！」したり、「拡散」すること）で承認を得る言説の存立のさせ方が主流となっている。確かに、準拠集団からの承認に依拠すること自体は、専門家のそれと変わらないかもしれない。しかし、専門家とアマチュアのピアレビューの大きな違いは、（言うまでもなく）客観性に訴えかけられるかどうかにある。専門家のピアレビューは、専門家の解釈共同体での明証性の提示と言ってもいい。それは自分が従っているルールと他者が従っているルールの同一性に依拠して合意や了解を得るコミュニケーションをとることへの理性である。それに対して、歴史修正主義のアマチュアのピアレビューは、なんらかの成果（イデオロギーの共有と敵対する他者の排除）を得ようとするように理性を使うことを前提とする。(6) アマチュア知性は、アマチュアの解釈共同体での「参加」「エンゲイジメント」が「成果」となるように、理性を目的に対して道具的に用いる。

理性のはたらかせ方の異なりが、「ゲームの違い」とメディア市場の特性と相まって、両者の「対話」を難しくする。

「処方箋」はあるか

分析を終えた私の目には、歴史修正主義者（ここでは限定せずにネトウヨ的な存在も含めよう）との「対話」は困難に映る。少なくとも彼らとの間の溝は広がっているように見える。この状況への「処方箋」はあるのだろうか。

考えられる一つの方法は、歴史修正主義者を「ちゃかす」ことである。しかし、これが可能なのはごく一部の人に限られる。なぜなら、彼らを俯瞰してやりこめるためには、彼らの「熱量」に見て取れる非常に膨大な量の言説や揶揄をさばくだけのメディア・リテラシーと正しい知識が必要だからだ。また、彼らのメディア・リテラシーの高さ（内容の正しさの精査というよりも、言説空間のノリや情報機器へのリテラシーの高さ）もネックになる。

では、同じメディアを使って対抗すべきか。それもうまくないだろう。商業言説に商業言説を対置したところで、今度は同じレベルの「知」として、彼らの「知」のあり方にお墨付きを与えてしまうだけである。マンガにはマンガで対抗を？　それほどマンガ文化をナメた話はない。小林よしのりはマンガ文化に関しては第一級の専門家である。

では、どうすれば「対話」は可能か。本書で考えてきたことに立ち返ろう。歴史修正主義に対しては、これまで何度となく学術業界から論理の誤謬の指摘や資料による冷静な批判をしてきた。あるいは、「取るに足らないもの」として「反知性主義」のようにレッテルを貼り、まともに扱ってこなかった。しかし、いずれにしても歴史修正主義にダメージを与えることには成功していない。彼らはまったく異なる水準の「ゲーム」をしているからだ。彼らのゲームは、メディアに支えられているところが大きかった。メディアは言説の存在様式である。ところが、言説は、常に「メディア」とともに現れているにもかかわらず、忘れられがちである。(7)

前述の問いを忠実にたどって歴史修正主義が「どこで語られてきたか」を見てきた私たちは、「何が語られたか」についてどのように検討することができるだろうか。すなわち、メディア特性や形式に注目したことで、内容の何を捉え直すことができるのか。この問いの解答を、ここまでの分析のなかから導いてみたい。

本書では、歴史修正主義の「知」そのものの特質について、次の二つの側面を実証した。第一に、「相対主義」を絶対化するコミュニケーション様式である。ディベートの方式がまさにそれだったように、自説を主流派の説と同じ俎上に載せることで、たとえそれがマイナーな説であっても同じ水準で議論するための格上げを可能にする。そのうえで、相手の意気をくじくための知識だけでもって、思想の言葉をもてあそぶ。「相対主義」の絶対化は、個々の議論に付随しているはずの重要度や客観性を等閑視させるのである。[8] 第二に、正当化の「偽装」である。歴史修正主義は、実際のところ「事実」や「議論の新奇性」には興味がなく、手続き上正当化できない「歴史」への言及を、消費者の参加と商売を成り立たせるメディアの制度を利用してあたかも正当なものであるかのようにして通用させる。第3章で検討したように、「論壇」といういかにも理性的なメディアの姿を装って。

問いに答えよう。歴史修正主義の主張に、どのような「真実」もない。歴史修正主義は、「真実」とはどのようなものか、メディア特性を用いて私たちに問うている。より正確に言えば、私たちの「真実」と「嘘」を見分ける理性をこそ攻撃しようとしている。メディアで同じ主張が繰り返されれば「真実」なのか。売れれば「真実」なのか。一定数の賛同者（読者）がいれば「真実」なのか。相対的ならば「真実」なのか。

いまなすべきことは、彼らの「知」のあり方を熟知することだ。中身が真実でないのであれば、なぜそれが知的なものとして理解されるのか考えるしかない。歴史修正主義は、メディア機制と商業を含んだ事実を歪める過激思想である。彼らの主張は、その帰結として、周辺諸国への差別をも含んでいる。情報は決して純粋な「内容」ではない。彼らの言葉は、常に何らかの形式・様式を前提として流通する。その言葉が路上で発される場合も、のちにインターネットや動画メディアなどで拡散されることを前提としているだろう。メディアは日進月歩で変化する「エピステーメー」である。

「歴史修正主義」「ニセ科学」「フェイクニュース」「ポスト真実」「オルタナティブ・ファクト」、いずれもその時代の欲望と社会状況を反映している。相対的な「真実」などありえない。しかし、「間違っている」「不正だ」という理性的判断でも、「バカだ」「嫌いだ」という感情的判断でもなく、他者を気にかける情念の能力に基づく「反省」から始めることが、私たちには求められている。考えるのは、いましかない。

注

（1）J－P・サルトル『ユダヤ人』安堂信也訳〔岩波新書〕、岩波書店、一九五六年、一八ページ

（2）ラジオやテレビのアマチュアファンの系譜を技術史の観点から追う飯田豊は、一九一四年の夏目漱石のエッセー「素人と黒人《くろうと》」で、夏目が専門家と非専門家の間で知識や技能が大きく乖離するなかでのアマチュアの「中間項としての機能」を評価していることを紹介した〔飯田豊『テレビが見世物だったころ——初期テレビジョンの考古学』青弓社、二〇一六年、六二ページ〕。

（3）前掲『中国人、韓国人、アメリカ人の言い分を論破する法』一一ページ

（4）Jenkins, *op.cit.*, p. 243.

（5）佐藤友紀「マケドニア「フェイクニュースの里」を歩く——大学生や高校教諭が一攫千金を夢見て」「中央公論」二〇一七年七月号、中央公論新社、五二—五七ページ

（6）ユルゲン・ハーバーマスによれば、理性には「成果志向型行為」と「了解志向型行為」があり、前者の目的はなんらかの成果を得ようとするものとされる。後者は、行為者が了解に到達するためのさ

まざまな行動によって調整されるコミュニケーション行為のことを指す。前者と後者の違いは、発話行為の帰結をもとめる前者に対して、後者は発話行為のコンセンサスを求める行為となる（ユルゲン・ハーバーマス『コミュニケイション的行為の理論』上、河上倫逸ほか訳、未来社、一九八五年）。

（7）現時点では「試論」のレベルにとどめるが、「メディアがなぜ分析過程から忘れられるのか」という問いについて、分析系言語哲学者のジェイソン・スタンリーによる「プロパガンダ」の分析が参照できるのではないか、と考えている。スタンリーによれば、言語には「争点内容 at-issue content」と「非争点内容 not-at-issue content」という二つの概念が関わり、後者は交渉の余地がなく（not negotiable）、直接抗議できない（not directly challengeable）性格をもつ（Jason Stanley, *How Propaganda Works*, Princeton University Press, 2015.）。

メディアもまた同様の構造をもっているのかもしれない。情報内容とそれを支えているメディアは切り離すことができないが、メディア自体は非争点であり、交渉や抗議の余地もない対象である。そのためにしばしば分析過程から抜け落ちるし、仮に抗議をしてみれば、その言説内容に特異単独的な批判ではなく、批判に関わるメディア文化全体を敵にしかねない構造があるのではないか。

（8）アメリカのトランプ政権が放った「オルタナティブ・ファクト」はまさにこの相対主義の絶対化である。すなわち、客観的事実とは異なっていても「私（たち）の視点からはこれが事実である」という視点を絶対化する。それが、他者との対話をデッドロックさせることになる。

おわりに

二〇一五年八月の戦後七十年談話は、ザ・歴史修正主義であった。安倍晋三首相は「日露戦争は、植民地支配のもとにあった、多くのアジアやアフリカの人たちを勇気づけました」と述べ、侵略の歴史を修正し、自己肯定の論理にすり替えた。さらに「満州事変、そして国際連盟からの脱退。日本は、次第に、国際社会が壮絶な犠牲の上に築こうとした「新しい国際秩序」への「挑戦者」となっていった。進むべき針路を誤り、戦争への道を進んで行きました」と語り、満州事変以後に焦点を絞ることによってそれ以前の植民地化の歴史を正当なものだったかのように見せかけた。そして「日本では、戦後生まれの世代が、今や、人口の八割を超えています。あの戦争には何ら関わりのない、私たちの子や孫、そしてその先の世代の子どもたちに、謝罪を続ける宿命を背負わせてはなりません」と述べ、戦後生まれである安倍自身の戦後責任を放棄した。

歴史の否定を、歴史修正主義だけの問題だと考えるべきではない。本書の設定からはあまりふれられなかったが、歴史の否定は、排外主義とつながっている。「在日特権」のデマのように、歴史を否定することで排外主義運動が展開されている。また、七十年談話のあとで成立した安全保障関連法は、近隣諸国との歴史に関する対話を断ち、武力行使も辞さないという強硬な態度を示している。一九九〇年代に拡大した歴史修正主義は、現在もこの国の政治をむしばむ喫緊の課題なのだ。

「事実」が攻撃されたあと、次に標的になるのは身体や生命と思われる（現にそうなっている）。だから、私の次の研究はそれらに関わるものになるだろう。

本書は、「メディア文化」というこれまで問われていなかった切り口から一九九〇年代の歴史修正主義を検討した。その分析結果が歴史修正主義をめぐる政治とメディア研究や政治研究にどれほど寄与したのかは、読者のみなさんの忌憚なき批判の声を待ちたい。しかしながら、書き終えて思うことは、歴史修正主義者の手法は、他方で彼らがレッテルを貼る「左派」の問題を描き出しているのではないか、ということだ。彼らは間違っている。でも、それにうまく対抗軸を作れていない。今後問い直されるのは、抵抗のアイデアと実践なのだろう。

＊

本書は決して私一人の力で完成できたものではありません。

一九九〇年代、「慰安婦」問題で、先鋒となって歴史修正主義と戦っていた一人は、私の師、フェミニスト哲学者の大越愛子先生でした。本書執筆でも九〇年代後半―二〇〇〇年代前半に大越先生が執筆した文章を何度も読み返しました。他方で、メディア文化研究の指導教員は音楽社会学の小川博司先生でした。博士課程では小川先生のもとでメディア文化論の面白さを学びました。その意味で、本書は大越先生の「忘れ物」を小川先生の「やり方」で分析した、という趣旨になっているかもしれません。お二人ともにいつも私を温かく見守ってくださり、自由に研究をさせていただいたことに感謝してもしきれません。日頃はなかなか口には出せていませんが、この場を借りてこれまでのお礼を述べます。ありがとうございました。

また全員の名前を記すことができないのが残念ですが、たくさんの方に本書完成までお世話になりました。原稿への直接的な検討に関しては、アイデンティティポリティクス研究会の堀江有里さん、堀田義太郎さん、金友子さん、高橋慎一さんに感謝したい。長期にわたる研究会で、ほぼすべての原稿に意見をいただいた。そして、規範秩序研究会の安部彰さん、藤原信行さん、村上慎司さん、篠木涼さん、角崎洋平さん、田邊健太郎さん、中倉智徳さん、櫻井悟史さん、井上彰さんにも感謝いたします。草稿段階の検討会を開いてくださったサテライト研究会の木村至聖さん、コメンテーターを引き受けてくださった山本昭宏さん、能川元一さん、貴重な機会と意見をありがとうございました。長崎励朗さん、間庭大祐さん、山口真紀さんにも原稿を見ていただきました。ここに記して感謝を申し上げます。

残念ながら、私の力不足で、いただいたすべてのコメントに対応できたわけではありません。それらは今後の課題として、そして本書への批判として受け止めたいと思います。

最後に、執筆中の私にとって「最も好意的な読者」であり、この企画を引き受けてくださった青弓社の矢野未知生さんに感謝します。ありがとうございます。七年くらい前に「原稿を送ってください」と言ってくれた矢野さんとの約束を果たすことができてホッとしています。

これまで好き勝手にさせてくれた両親にこの本を捧げます。

そして、本書の完成を目前に息を引き取った祖父に感謝します。

二〇一七年九月二十九日　祖父の命日に、大阪で

倉橋耕平

［著者略歴］
倉橋耕平（くらはし こうへい）
1982年生まれ
関西大学大学院社会学研究科博士後期課程修了。博士（社会学）
立命館大学ほか非常勤講師
専攻は社会学・メディア文化論・ジェンダー論
共編著に『ジェンダーとセクシュアリティ――現代社会に育つまなざし』（昭和堂）、共著に『現代フェミニズムのエシックス』（青弓社）など

青弓社ライブラリー92

歴史修正主義《れきししゅうせいしゅぎ》とサブカルチャー
90年代保守言説のメディア文化

発行――2018年２月28日　第1刷
　　　　2018年11月22日　第5刷
定価――1600円＋税
著者――倉橋耕平
発行者――矢野恵二
発行所――株式会社青弓社
〒101-0061 東京都千代田区神田三崎町3-3-4
電話 03-3265-8548（代）
http://www.seikyusha.co.jp
印刷所――三松堂
製本所――三松堂

ISBN978-4-7872-3432-2 C0336

本田由紀／伊藤公雄／二宮周平／千田有紀 ほか

国家がなぜ家族に干渉するのか

法案・政策の背後にあるもの

家庭教育支援法案、自民党の憲法改正草案（24条改正）、官製婚活などを検証して、諸政策が家族のあり方や性別役割を固定化しようとしていることを明らかにする。 定価1600円＋税

早川タダノリ

「日本スゴイ」のディストピア

戦時下自画自賛の系譜

「日本スゴイ」言説があふれる現在だが、満洲事変後にも日本主義礼賛本の大洪水が起こっていた。戦時下の言説に、自民族の優越性を称揚するイデオロギーのルーツをたどる。 定価1800円＋税

中村理香

アジア系アメリカと戦争記憶

原爆・「慰安婦」・強制収容

日本の植民地支配や戦争犯罪、軍事性暴力を問う北米アジア系の人々の声を政治的言説や文学作品を通して検証し、太平洋横断的なリドレスの希求と連結を開く可能性を提示する。 定価3000円＋税

佐藤成基

国家の社会学

国家は社会や経済、政治、日常生活とどのような関係にあるのか。「国家とは何か」という基本的な疑問から社会福祉やグローバル化といった現代的な課題までをレクチャーする。 定価1800円＋税